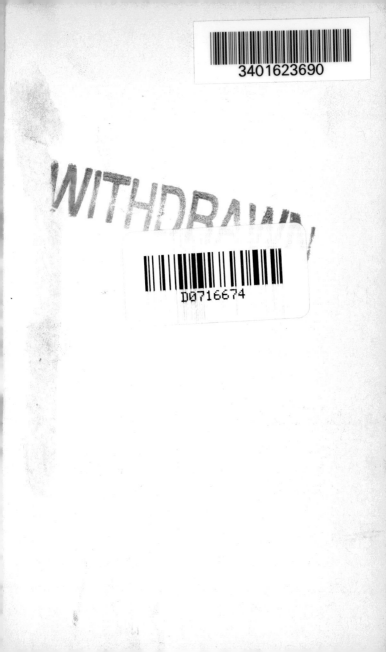

CASTILLA, LO CASTELLANO Y LOS CASTELLANOS

LITERATURA / CONTEMPORÁNEOS

ESPASA CALPE

MIGUEL DELIBES

CASTILLA, LO CASTELLANO Y LOS CASTELLANOS

Prólogo
Emilio Alarcos Llorach

COLECCIÓN AUSTRAL

ESPASA CALPE

COLECCIÓN AUSTRAL
LITERATURA/CONTEMPORÁNEOS

Asesor: Víctor García de la Concha

Director Editorial: Javier de Juan
Editora: Celia Torroja

© *Miguel Delibes, 1979*
© *Editorial Planeta, S. A., 1979*
© *De esta edición: Espasa Calpe, S. A., 1995*
—

Maqueta de cubierta: Toño Rodríguez/INDIGO, S. C.
Ilustración de portada: Eugenio Ramos
—

Depósito legal: M. 96—1995

ISBN 84—239—7358—1

Impreso en España/Printed in Spain
Impresión: UNIGRAF, S. L.

Editorial Espasa Calpe, S. A.
Carretera de Irún, km 12,200. 28049 Madrid

ÍNDICE

CASTILLA, LO CASTELLANO
Y LOS CASTELLANOS

PRÓLOGO

Me he puesto a releer este libro castellano en pleno
corazón de Castilla: la ancha y ondulada planicie por
donde antes jadeaban afanosas las arcaicas locomotoras
de los Ferrocarriles Secundarios de Castilla, y por donde
todavía fluye, modoso y apacible, el Canal de Castilla.
Símbolos del ayer. Es la Tierra de Campos, que, gracias
al regadío, ya no es tan «campos de tierra» como se dijo.
Aquí, la romanidad impetuosa, tras lentos y duros force-
jos, bregó en pasta uniforme a cántabros, ástures y vac-
ceos. Aquí, según atestiguan la toponimia y las necrópolis
germánicas excavadas, fueron los Campos Góticos, luego
raídos por las duras y raudas algaras musulmanas, después repoblados con norteños expansivos y mozárabes en
retirada, y además yeldados por francos y por hebreos,
unos mercaderes, otros sabidores. Aquí se mezclan inex-
tricablemente Castilla y León, con sus panes sólidos y sus
vinos graves.

Leo complacido y concorde, mientras agosto irradia sus
recios soles diurnos y cierne, por las noches, delgados
aires de frío cortante. Al atardecer, las cigüeñas morosas
se recogen y planean alrededor del campanario. Detrás, y
por encima de las arboledas frondosas del río, al poniente,
en la línea quebrada del horizonte, van descendiendo luces
vibrantes que se amortiguan poco a poco: unas veces,
sobre el casi blanco resplandor huidizo, se van posando y
adensando amarillos, del oro al cobre herrumbroso; otras,

amarillos casi verdes, y ya azules, se amoratan al fin vinosos, mientras el sol rojo y redondo se hunde, y el lucero impertérrito perfora con su pupila estática lienzos celestes cada vez más oscuros. De mañana, a los flancos del camino que pateo, brilla pálido y compacto el rastrojo; grazna breve y seca la corneja diestra; se agazapan en su dúplice verde las cepas; más allá, al desfilar fluvial, se ordenan precisos y enhiestos los chopos; las ovejas se acarran en redondel espeso o transitan sumisas, lentas y polvorientas; las corolas gualdas del girasol se agrupan y se empinan mirando perplejas el ámbito luminoso, y los hinojos esquemáticos despiden su aroma intenso y delicado. No hay nubes. Me vienen imágenes de hace medio siglo. Parece que no ha pasado el tiempo. Pero el silencio se rompe. Entonces, era una voz aislada, larga y fulmínea la que partía un instante el aire quieto: recuerdo un verano sediento, cruzando Torozos, en bicicleta, el torso desnudo, la camisa enrollada protegiendo el cráneo, cuando un labriego, de oscura pana y camiseta abotonada hasta la nuez, nos gritaba soliviantado desde los surcos: «¡Tíos guarros!» Ahora, es el ruido mecánico el que se instala y no cesa: es un tractor, a lo lejos, que traquetea de pronto sus broncos latidos, y luego pasan coches, camiones destemplados, y se precipita tras ellos violenta turbación del aire que desplazan. El tiempo sí ha pasado. El libro que acabo de releer lo demuestra. ¿Para bien, para mal? Lo verá quien lo leyere.

El título es transparente e inequívoco. Si el prólogo debe poner de relieve lo que se encierra en un libro, en el caso presente, para ser fiel al contenido, el prologuista hubiera tenido que limitarse a copiar el texto; lo cual, a más de verecundo y torpe, sería redundante, vano y enojoso. Habrá, pues, que andarse por las ramas y entretener al lector con unas cuantas consideraciones más o menos pertinentes y que —esperémoslo— le animen a entrar en la materia expuesta por el autor. Empecemos con lo que constituye la esencia del libro: ¿qué se entiende por Castilla?

A través de la historia, el contenido real sugerido con el término Castilla ha variado bastante, y no digamos cuánto se han mudado las connotaciones afectivas que se le han unido. Desde la inquieta Castilla burgalesa configurada por el conde Fernán González (para no remontarnos a los *castella* defensivos del primitivo reino asturiano) hasta la grandílocua y resuelta monarquía de Isabel la Católica, transcurrieron más de cinco siglos con su fluido abigarrado de generaciones, maneras de pensar y de sentir, y «vividuras» diferentes. Después de otro medio milenio, y ya dentro del reino de España (hoy restaurado y, por paradoja, casi en desintegración), ¿qué significa Castilla, presunta culpable de todos los males del centralismo, según plañen los periféricos impenitentes y pedigüeños? Renunciando a analizar aquí el poco fundamento de semejantes imputaciones, recordemos ante todo que el término ya no coincide con el antiguo reino de Castilla. Muchos ya no saben a qué responden distinciones como Castilla la Vieja y Castilla la Nueva. Otros vacilan entre fundir las dos regiones de León y Castilla la Vieja o mantenerlas bien separadas. Pero he aquí que los de infancia escolar ya antañona nos las veríamos y nos las desearíamos para decidir con objetividad si Valladolid y Palencia deben incluirse en Castilla o en León; porque había dos tradiciones didácticas que solo coincidían en su música: unos recitábamos aquello de «León, cinco: León, Zamora, Salamanca, Valladolid y Palencia», y otros salmodiábamos: «León, tres: León, Zamora y Salamanca.» Para coronar tanta confusión, tras el reciente reparto eufórico de las autonomías, nos hemos ido acostumbrando (no sin añoranzas) a dejar fuera de Castilla dos provincias, aunque en ellas se engendró y se desarrolló el primitivo dialecto castellano: la de Santander (que antes llamábamos la Montaña y era la marina castellana) y la de Logroño, la suculenta Rioja. De este modo, segregadas de la región las comarcas de aguas correntías hacia el Cantábrico o encauzadas por el padre Ebro hacia el Mediterráneo, parece que debemos atenernos al criterio de la geografía física e identificar Castilla con la estricta cuenca del río Duero (salvada, por descontado, su verdísima porción portuguesa), es decir, con el área de su confederación hidrográfica, bien delimitada de norte a sur entre los cordales del borde septentrional de la Meseta y los del Sistema Central (que antes decíamos cordillera Carpetovetónica), y de levante a poniente ceñida por la antigua y celtibérica Idúbeda y el macizo galaico, aunque, así, para ser consecuentes, habría que desguarnecerla (dando pie a cierto secesionismo muy de moda) del rincón extremo leonés de la cuenca del Sil como tributario que es del bretemoso Miño.

Sea de esto lo que fuere, y prescindiendo de rigores científicos, ora históricos, ora geográficos, ora sociológicos, lo cierto es que sabemos bastante bien en la práctica lo que queremos decir cuando hablamos de Castilla, de lo castellano y de los castellanos, y más si, como ahora, el que discurre acerca de tales cuestiones es Miguel Delibes, autoridad indiscutible en la materia. Porque se dice a menudo que Miguel Delibes es un escritor castellano. A lo cual nada hay que objetar, en principio, puesto que, nacido y criado en Castilla, Delibes es con toda evidencia un escritor castellano. Tampoco puede negársele la adecuación del calificativo si con ello se pretende sugerir que en su obra se reflejan magistralmente los rasgos específicos de lo castellano. No obstante, con afirmaciones absolutas de esa laya se puede correr el riesgo de insinuar también una especie de solapada devaluación de su actividad literaria, como si fuera de lo castellano la escritura de Delibes no tuviese resonancia ni pertinencia alguna. Y es al revés: el adjetivo «castellano» es insuficiente para caracterizar al escritor, porque su obra está notoriamente impregnada de un hondo sentido humano y universal. El mismo Delibes, con su habitual modestia, lo deja traslucir al responder muy ponderado a la pregunta de si se siente escritor castellano: «El escritor, el novelista, cumple su misión alumbrando la parcela del mundo que le ha caído en suerte. A mí me ha tocado Castilla y trato de alumbrar Castilla. Naturalmente, existe la aspiración del escritor a la universalidad, pero yo considero que la universalidad del escritor debe conseguirse a través de un localismo sutilmente visto y estéticamente interpretado.» Así es, y ya insistió en ello don Miguel de Unamuno hace un siglo: cuanto más se ahonda en lo particular, más se acerca uno a las raíces comunes de lo general, y cuanto más se apura lo individual más cerca se llega a las fuentes de lo universal humano.

Ahora digamos en qué consiste este libro. Es en realidad una construcción vertiente a dos aguas: por una, se alinea con obras en que se explayan reflexiones sobre Castilla y su modo histórico de existir; por otra, viene a ser «una especie de antología» de Miguel Delibes, de ninguna manera tan «caprichosa y desordenada» como el autor sospecha. En su introducción, explica cómo se fraguó la obra. Cierto editor le pidió que le escribiera un libro en forma de ensayo sobre Castilla. Poco amigo de escribir por encargo, y renuente a arrostrar semejante compromiso por imaginarse no ser «un hombre de ideas», el autor se vio ayudado, como Cervantes al pergeñar su prólogo al *Ingenioso Hidalgo,* por un amigo providencial que le hizo ver que el libro lo tenía ya escrito, si bien fragmentariamente, en sus obras narrativas: bastaba con tomar de aquí o de allá, ordenar lo elegido conforme a un esquema razonable, y enlazarlo, como cumple decir hoy, «coherentemente». Así lo hizo. Escogió, no sin ardua selección, los pasajes de sus obras que juzgó más representativos de los rasgos caracterizadores de Castilla y lo castellano, y los acompañó de comentarios, estos en cursiva, y sangrados, donde procura, con exquisito equilibrio, razonar la visión que se desprende de los fragmentos narrativos. La composición alternativa permite al lector comparar cómodamente los dos modos estilísticos de Delibes: el reflexivo del comento y el imaginativo de la narración; el que estudia y escudriña los recovecos de la realidad que le rodea y el que la representa y resucita en su vivo, vario y cotidiano fluir. Dentro de la sobriedad general de la palabra de Delibes, resulta flagrante en este libro su diversidad según se emplee con uno u otro propósito.

No es cosa de insistir ahora en las virtudes literarias de los relatos de Delibes. Cualquiera de los pasajes seleccionados aquí serviría de ejemplo transparente de su habilidad para suscitar la vida de los personajes, tanto en sus peculiaridades expresivas como en sus particulares actitudes, así como para reflejar con perfecta adecuación los ambientes en que se mueven y los sucesos en que intervienen: aunque el autor trata de no dejar traslucir sus propios sentimientos, se relata la realidad evocada con sabia graduación del humor, de la ironía, de la compasión y del sentido moral. Pero cuando, en lugar de narrar, Delibes expone directamente sus ideas, la prosa se vuelve más despaciosa, la pluma se desliza seria, austera, precisa y circunspecta, sin apenas cambiar de tono: una monodia rigurosa y con cierta propensión a teñir los contenidos manifestados con tintas pesimistas o al menos poco risueñas. En el trance difícil de analizar la situación por la que atraviesa Castilla, Delibes no puede evitar su punto de vista crítico y apenas si se permite el mínimo rasgo de humor o la menor apostilla frívola. Como la realidad es grave, la gravedad se impone, y pasa a primer plano la intención ética, ese rasgo que, patente o subterráneo, anima toda la escritura (y aun la vida) de Delibes. En los pasajes de este libro en que discurre personalmente, el autor adopta, sin poder remediarlo, cierto aire de dómine, casi de predicador, que tiende, aunque sin aspavientos, a pintar el panorama de la vida humana con luces lúgubres y con sombras lóbregas y a instar a los demás al cumplimiento de los deberes inherentes a la propia naturaleza. Al observar lo que acontece a su alrededor, Delibes aplica su poderosa acuidad para percibir lo negativo, y, así, su temperamento, proclive al pesimismo, magnifica aquellos datos en detrimento de los demás y acaba trazando una pintura que rezuma un tenebrismo casi tan tétrico como el de los finales del período barroco.

Algo de esto se percibe en el libro, donde después de trazarse una exégesis aguda, profunda y exacta de Castilla, se anuncia, al encararse con el futuro, una perspectiva muy tenebrosa. Deriva de una actitud que se ha llamado «ecológica»: el sentimiento dolorido del autor al ver la naturaleza cada vez más degradada por el hombre.

Ya han señalado, por otro lado, algunos críticos que la interpretación que hace Delibes de Castilla, y la visión que de ella revela, se aleja totalmente de la idealización a que la sometieron los clásicos escritores del 98. El mismo Delibes lo reconoce y confiesa que ha tratado de hacer sociología en sus novelas y que ha descrito la marginación, la soledad, la pobreza y la deserción de los hombres castellanos en los tiempos presentes. Sin embargo, no se puede ignorar que en los autores noventayochistas no todo se reduce a hacer literatura del paisaje y de la historia castellana. También ellos hicieron crítica de una situación agobiante. Recordemos, sin ir más lejos, aquello de la Castilla miserable, de la Castilla venida a menos y que desprecia cuanto ignora. Pero es evidente que Delibes, aunque muy sensible a la belleza natural, que ha sabido captar con emoción y plasmar con vigor en tan diversas descripciones paisajísticas, está, en la presente ocasión, mucho más preocupado por encontrar soluciones a la crítica situación social de Castilla que atento a realzar sus encantos estéticos.

En los veinte capítulos del libro (así como en la introducción), Delibes reconsidera otros tantos rasgos de Castilla y lo castellano, y hace un recorrido imparcial y minucioso: desde el paisaje (variado y no uniforme, según el tópico) al carácter de sus gentes, desde sus creencias a sus comportamientos, desde sus trabajos acuciosos hasta sus ocios moderados, desde el «precipitado cultural» de la historia hasta el panorama poco halagüeño del presente. Los pasajes escogidos de su obra valen como ejemplo vivo, o representación *in fieri,* de las aseveraciones teóricas que ofrecen los comentarios.

Podría decirse que el hilo que ha enhebrado las dos especies de textos ha sido el intento de contraponer dos momentos: el pasado y el futuro. Está claro que, a pesar de sus defectos, casi siempre justificados, el pasado aún reciente de Castilla, la vividura tradicional de sus habitantes, se refleja en la obra de Delibes con luces favorables, en tanto que las conjeturas hacia el porvenir, a juzgar por los negros trazos del presente, quedan sombreadas por el pesimismo. Lo que, en primer lugar, resalta siempre en estas páginas es, de una parte, el dolorido recuerdo de un pasado en que la vida se construía más «a escala de hombre», y, de otra, el temor a un futuro desindividualizado y aherrojado por una programación inhumana. Campea en este libro, aunque Delibes no sea en absoluto negador del progreso, el deseo suyo constante de promover la salvación del hombre singular, hoy tan amenazado por la voracidad insaciable de una sociedad de máquinas y estadísticas frígidas.

En suma, el contenido del libro, organizado hábilmente con retazos que se refunden con un propósito diferente del narrativo originario, manifiesta también una lograda síntesis de sus intenciones. Aquí se entrelazan la elegía melancólica de lo que ya no es, la censura objetiva y tajante, si bien resignada, del presente, y el ensueño, levemente optimista, de una esperanza de redención. Diríamos que este libro es casi un breviario o vademécum del pensamiento y el estilo de Delibes.

Emilio Alarcos Llorach.

1994.

CASTILLA, LO CASTELLANO
Y LOS CASTELLANOS

CASTILLA, HOY

Rafael Borràs, director literario de esta editorial[1], se acercó un día a Valladolid con objeto de animarme a escribir un ensayo sobre Castilla, invitación que decliné por entender que un ensayista es un hombre de ideas, un hombre que profundiza en un tema desde posiciones, digamos, teóricas, o, quizá, más exactamente, filosóficas, y ese no era mi caso:

—Pero yo no sé hacer eso —le respondí—. Yo estoy lejos de ser un hombre de ideas; a mí lo que en realidad me divierte es escribir sobre hombres y cosas. Además, un ensayo sobre Castilla me exigiría viajar, tomar notas, hojear libros, analizar estadísticas, y esas cosas no van conmigo.

—Bueno, tú puedes hacerlo sin tanta preparación, mejor dicho, ya lo has hecho. Creo que después de leer atentamente tus novelas, la realidad castellana queda muy clara.

En ese momento, Jesús Torbado, que asistía a la reunión y conoce, por personal experiencia, las limitaciones del narrador, terció oportunamente, tras un cauto, prolongado silencio, muy castellano por otra parte:

—Vendría a ser lo mismo o, tal vez, más eficaz, que, en lugar de viajar por Castilla, Miguel lo hiciera por sus

---

[1] Se refiere a la Editorial Planeta.

libros que versan sobre Castilla. Seguramente a través de los temas que toca en ellos, los personajes que los animan y las situaciones que plantea, la imagen de Castilla, lo castellano y los castellanos, resultaría más convincente.

Así quedó concertado este libro, una especie de antología caprichosa y desordenada, donde, tomando una pieza de aquí y otra de allá y acoplándolas de manera congruente, he tratado de construir el *puzzle* para ofrecer una estampa de la región castellano-leonesa actual, mas, al volver sobre lo escrito y releerme, observo con cierto asombro y no pequeño desencanto, que he precisado demasiados libros para conseguir no ya una representación global de Castilla, como cabría esperar, sino apenas una vaga aproximación. Advierto, asimismo, con cuánto fundamento Francisco Umbral señala, en su breve estudio sobre mi obra, que yo he «desnoventayochizado» Castilla, en el sentido de que si aquellos grandes escritores del 98, generalmente periféricos, se dejaron ganar por la tentación esteticista, puramente descriptiva, de una Castilla abierta y sin problemas, yo he ido, con más modestia, es cierto, pero más directamente al grano y he hecho sociología en mis novelas. Mi pupila, acomodada ya desde origen, no se ha dejado deslumbrar por los cielos altos y los horizontes lejanos de mi región, envolviéndolos en una piadosa ojeada contemplativa para recrearme, luego, en blandas pinturas a la acuarela, sino que ha descendido, tal vez un poco demasiado abruptamente, al hombre para describir su marginación, su soledad, su pobreza y su deserción presentes. La estampa de Castilla desertizada, con sus aldeas en ruinas y los últimos habitantes como testigos de una cultura que irremisiblemente morirá con ellos, puesto que ya no quedan manos para tomar el relevo, es la que he intentado recoger en mi última novela *El disputado voto del señor Cayo,* como un lamento, consciente de que se trata de una situación difícilmente reversible. Este hecho sociológico, el más importante acaecido en mi región y que ha dejado una huella imborrable en Castilla y los castellanos, asomará, lógicamente, como una constante, a lo largo de las páginas que siguen.

Contrasta esta realidad social castellana con la imagen que durante los últimos lustros ha circulado por la periferia del país, aceptándose como buena la torpe ecuación Administración = Madrid y Madrid = Castilla, luego Administración = Castilla. Se daba así una imagen de Castilla centralista y dominadora, más propia de una retórica tonante y vacía, anacrónicamente imperialista, que de un hecho real, fácilmente constatable. Castilla, región agraria, pese a los incipientes brotes de industrialización en algunas de sus ciudades, sobre su ya viejo, impenitente abandono, se ha visto sometida a lo largo de casi medio siglo a la presión del *precio político,* eficaz invento para mantener inalterable el precio de la cesta de la compra y, con él, el orden social de los más a costa del sacrificio económico de los menos.

Por otro lado, la equivocada política seguida desde Madrid con las regiones periféricas más desarrolladas, donde, mediante el halago económico, se pretendió acallar sus anhelos de conservar la identidad cultural e histórica, aportó sobre la totalidad del país dos consecuencias no por previsibles menos deplorables: por una parte, se hizo más profunda la diferencia entre regiones ricas y pobres, con el consiguiente trasvase de hombres de estas —cada día más depauperadas— a aquellas, y, por otra, no cesaron de exacerbarse los sentimientos secesionistas en algunos pueblos del litoral, orgullosos de sus raíces y de sus peculiaridades culturales y reacios a dejarse comprar por un plato de lentejas.

Un suelo pobre, como el nuestro, dependiente de un cielo veleidoso y poco complaciente, unido a una política arbitraria que permite subir el precio de la azada pero no el de la patata, y al recelo proverbial del hacendado castellano, cicatero y corto de iniciativas, que prefiere, por más seguro y rentable, invertir en la industria los menguados beneficios del campo, han dejado a Castilla sin hombres ni dinero, en tanto la energía que produce, sin aplicación posible en la región, alimenta a la industria ajena, para ya, metidos de lleno en un delirante círculo vicioso de contradicciones, y aprovechando la desertización de algunas de nuestras provincias y su nula capacidad de protesta, se ha dispuesto la instalación de centrales nucleares con objeto de continuar sosteniendo el desarrollo del vecino con el riesgo propio. Aquel viejo dicho de *Castilla hace sus hombres y los gasta,* en que se pretendió simbolizar la abnegación y el desinterés castellanos, apenas si conserva hoy algún sentido puesto que la Castilla desangrada de esta hora está resignada a hacer sus hombres para que los gasten los demás.

A pesar de lo dicho, no creo exista hoy en Castilla un arraigado sentimiento regionalista, una conciencia histórica y cultural profunda. El castellano, de ordinario, no se siente especialmente castellano sino vaga, inconscientemente español. Villalar no es tanto la expresión espontánea de un sentimiento autonomista como una resuelta tentativa de crearlo. Pero, por el momento, el castellano, me parece a mí, no siente *eso.* Para que un sentimiento localista reivindicativo despierte o se afiance basta un solo golpe bajo, contundente y despiadado, como el propinado a Cataluña en abril de 1939 («Señores: a partir de hoy hay que hablar cristiano»). A Castilla no le ha faltado el golpe bajo, le ha faltado la contundencia. A Castilla se le ha ido desangrando, humillando, desarbolando poco a poco, paulatina, gradualmente, aunque a conciencia. Se contaba de antemano con su pasividad, su desconexión, la capacidad de encaje de sus campesinos —en medio siglo no he asistido en mi región a otra explosión de cólera colectiva que la invasión de carreteras por los tractores en la primavera del 76—, de tal modo que la operación, aunque prolongada, resultó incruenta, silenciosa y perfecta.

En este tiempo no han faltado grandes palabras, desde el «¡Arriba el Campo!» del Levantamiento de 1936 al Plan de Redención Social de la Tierra de Campos, planes de desarrollo industrial, planes de regadío... ¿En qué ha quedado todo ello? ¿Qué sucederá aquí, si es que ha de llegar, el día que Castilla y León se decidan a aprovechar el agua de sus embalses? ¿De dónde sacar las manos para atender los cultivos de regadío, mucho más exigentes, si no las hay ya ni para el secano, si en la Vieja Castilla, en su mayor parte, no quedan más que viejos y niños? Si el proceso no se detiene, para entonces nuestra comarca se habrá quedado sin un hombre, sin un kilovatio, sin una peseta. Y yo me pregunto, esta situación de atonía, de agonía, ¿es realmente reversible?

Aunque planteada de manera esquemática, creo que esta es la situación actual de Castilla. Mas esta mansedumbre, esta pasividad, esta especie de fatalismo que de siempre acompaña al castellano, no excluye la existencia de un idioma —que por extendido hemos dejado de considerar *nuestro*—, unas costumbres, una cultura, un paisaje, una forma de vivir. A rescatarlos, a subrayarlos va encaminado este libro, que, repito, no es un libro de ideas, sino un libro sobre hombres y cosas humildes que nos hablan de una Castilla maltratada pero que, pese a los últimos y poco optimistas avatares, no ha enajenado aún su personalidad.

I.   EL PAISAJE CASTELLANO

Ancha es Castilla, *reza un viejo y acreditado afo-rismo. Pero si Castilla es ancha o no lo es depende no sólo de la perspectiva que adoptemos para contem-plarla, sino de la parte del país que recorramos, lo que equivale a afirmar que Castilla, antes que ancha —o además— es varia y diversa. M. Bartolomé Cossío afirma que el paisaje de Castilla es el cielo, mientras Ortega y Gasset asegura que en Castilla no hay cur-vas. Tales afirmaciones —cielo alto y tierra llana, uniforme—, la impresión de infinitud y vacuidad que su paisaje produce en el forastero, se refieren a la Castilla llana y, más propiamente aún, a la Tierra de Campos. Esta Castilla, la Castilla árida y desamue-blada, dotada de elementos mínimos, es la Castilla de Unamuno, Azorín y Machado, la Castilla espectacu-lar precisamente por la carencia de ornato, por la falta total de espectáculo: el mar de surcos, el páramo pedregoso, los sombríos montes de encina, los pueble-citos de adobes, rodeados de bardas, con la esquemá-tica pobeda sombreándolos, los cerros motilones pes-punteados por una docena de almendros raquíticos, las dos hileras de chopos flanqueando marcialmente el hilo escuálido, invisible, de un regato... Esta, quizá, sea, desde un punto de vista topográfico, la Castilla esencial, la Castilla por antonomasia y, por ende, la Castilla literaria.*

Castilla, sin embargo, no se agota ahí. Cantabria, a mi entender, a pesar de sus plegamientos, su feracidad y su nivel de vida más desahogado, es también Castilla, incluso una de las cunas de su idioma, y si ascendemos desde el Cantábrico a la Meseta, hasta las llamadas tierras de pan llevar, observaremos que se va produciendo un proceso gradual de desecación y aplanamiento. La tierra va perdiendo jugosidad, verdor y orografía, hasta alcanzar la Castilla parda, sequiza y planchada de la Tierra de Campos.

En mis novelas, en mi afán por abarcar la totalidad de la región donde he nacido y vivo, no podía desdeñar ninguna de sus expresiones paisajísticas, y si en El Camino *rindo un emocionado homenaje a la Montaña, al Valle de Iguña, donde están mis raíces familiares, en* Las Ratas, La Hoja Roja, Diario de un cazador, La Mortaja *y* Viejas historias de Castilla la Vieja, *retrato la desnudez, los campos yermos de Valladolid, Palencia y Zamora, al norte del río Duero, y, finalmente, en* Las guerras de nuestros antepasados, El disputado voto del señor Cayo, Parábola del náufrago, Aventuras, venturas y desventuras de un cazador a rabo *y* Mis amigas las truchas, *existen prolijas descripciones de la bronca comarca intermedia, el norte de León, Palencia, Burgos y Soria, tal vez la parte de Castilla menos exaltada literariamente, aunque no la menos bella, donde los ingentes plegamientos y sus peculiaridades vegetales, que preludian las tierras del norte, se conjugan con el clima extremoso y los cielos hondos y azules propios de la Castilla llana.*

He aquí una interpretación personal del paisaje montañés, extraída de las páginas de El Camino, *una novela escrita en 1950, cuando mis vivencias de estos valles eran frescas y directas y se renovaban puntualmente cada año.*

El valle... Aquel valle significaba mucho para Daniel, el Mochuelo. Bien mirado, significaba todo para él. En el valle había nacido y, en once años, jamás franqueó la cadena de altas montañas que lo circuían. Ni experimentó la necesidad de hacerlo siquiera.

A veces, Daniel, el Mochuelo, pensaba que su padre, y el cura, y el maestro, tenían razón, que su valle era como una gran olla independiente, absolutamente aislada del exterior. Y, sin embargo, no era así; el valle tenía su cordón umbilical, un doble cordón umbilical, mejor dicho, que le vitalizaba al mismo tiempo que le maleaba: la vía férrea y la carretera. Ambas vías atravesaban el valle de sur a norte, provenían de la parda y reseca llanura de Castilla y buscaban la llanura azul del mar. Constituían, pues, el enlace de dos inmensos mundos contrapuestos.

En su trayecto por el valle, la vía, la carretera y el río —que se unía a ellas después de lanzarse en un frenesí de rápidos y torrentes desde lo alto del Pico Rando— se entrecruzaban una y mil veces, creando una inquieta topografía de puentes, túneles, pasos a nivel y viaductos.

En primavera y verano, Roque, el Moñigo, y Daniel, el Mochuelo, solían sentarse, al caer la tarde, en cualquier leve prominencia y desde allí contemplaban, agobiados por una unción casi religiosa, la lánguida e ininterrumpida vitalidad del valle. La vía del tren y la carretera dibujaban, en la hondonada, violentos y frecuentes zigzags; a veces se buscaban, otras se repelían, pero siempre, en la perspectiva, eran como dos blancas estelas abiertas entre el verdor compacto de los prados y los maizales. En la distancia, los trenes, los automóviles y los blancos caseríos tomaban proporciones de diminutas figuras de *nacimiento* increíblemente lejanas y, al propio tiempo, incomprensiblemente próximas y manejables. En ocasiones se divisaban dos y tres trenes simultáneamente, cada cual con su negro penacho de humo colgado de la atmósfera, quebrando la hiriente uniformidad vegetal de la pradera. ¡Era gozoso ver surgir las locomotoras de las bocas de los túneles! Surgían como los grillos cuando el Moñigo o él orinaban, hasta anegarlas, en las huras del campo. Locomotora y grillo evidenciaban, al salir de sus agujeros, una misma expresión de jadeo, amedrentamiento y ahogo.

Le gustaba al Mochuelo sentir sobre sí la quietud serena y reposada del valle, contemplar el conglomerado de prados, divididos en parcelas, y salpicados de caseríos dispersos. Y, de vez en cuando, las manchas oscuras y espesas de los bosques de castaños o la tonalidad clara y mate de las aglomeraciones de eucaliptos. A lo lejos, por todas partes, las montañas, que, según la estación y el clima, alteraban su contextura, pasando de una extraña ingravidez vegetal a una solidez densa, mineral y plomiza en los días oscuros.

Al Mochuelo le agradaba aquello más que nada, quizá, también, porque no conocía otra cosa. Le agradaba constatar el paralizado estupor de los campos y el verdor frenético del valle y las rachas de ruido y velocidad que la civilización enviaba de cuando en cuando, con una exactitud casi cronométrica.

Muchas tardes, ante la inmovilidad y el silencio de la naturaleza, perdían el sentido del tiempo y la noche se les echaba encima. La bóveda del firmamento iba poblándose de estrellas y Roque, el Moñigo, se sobrecogía bajo una especie de pánico astral. Era en estos casos, de noche y lejos del mundo, cuando a Roque, el Moñigo, se le ocurrían ideas inverosímiles, pensamientos que normalmente no le inquietaban:

Dijo una vez:

—Mochuelo, ¿es posible que si cae una estrella de esas no llegue nunca al fondo?

Daniel, el Mochuelo, miró a su amigo, sin comprenderle.

—No sé lo que me quieres decir —respondió.

El Moñigo luchaba con su deficiencia de expresión. Accionó repetidamente con las manos, y, al fin, dijo:

—Las estrellas están en el aire, ¿no es eso?

—Eso.

—Y la Tierra está en el aire también como otra estrella, ¿verdad? —añadió.

—Sí; al menos eso dice el maestro.

—Bueno, pues es lo que te digo. Si una estrella se cae y no choca con la Tierra ni con otra estrella, ¿no llega nunca al fondo? ¿Es que ese aire que las rodea no se acaba nunca?

Daniel, el Mochuelo, se quedó pensativo un instante. Empezaba a dominarle también a él un indefinible desasosiego cósmico. La voz surgió de su garganta indecisa y aguda como un lamento.

—Moñigo.

—¿Qué?

—No me hagas esas preguntas; me mareo.

—¿Te mareas o te asustas?

—Puede que las dos cosas —admitió.

Rió, entrecortadamente, el Moñigo.

—Voy a decirte una cosa —dijo luego.

—¿Qué?

—También a mí me dan miedo las estrellas y todas esas cosas que no se abarcan o no se acaban nunca. Pero no lo digas a nadie, ¿oyes? Por nada del mundo querría que se enterase de ello mi hermana Sara.

El Moñigo escogía siempre estos momentos de reposo solitario para sus confidencias. Las ingentes montañas, con sus recias crestas recortadas sobre el horizonte, imbuían al Moñigo una irritante impresión de insignificancia. Si la Sara, pensaba Daniel, el Mochuelo, conociera el flaco del Moñigo, podría fácilmente meterlo en un puño. Pero, naturalmente, por su parte, no lo sabría nunca. Sara era una muchacha antipática y cruel y Roque su mejor amigo. ¡Que adivinase ella el terror indefinible que al Moñigo le inspiraban las estrellas!

Al regresar, ya de noche, al pueblo, se hacía más notoria y perceptible la vibración vital del valle. Los trenes pitaban en las estaciones diseminadas y sus silbidos rasgaban la atmósfera como cuchilladas. La tierra exhalaba un agradable vaho a humedad y a excremento de vaca. También olía, con más o menos fuerza, la hierba según el estado del cielo o la frecuencia de las lluvias.

A Daniel, el Mochuelo, le placían estos olores, como le placía oír en la quietud de la noche el mugido soñoliento de una vaca o el lamento chirriante e iterativo de una carreta de bueyes avanzando a trompicones por una cambera.

En verano, con el cambio de hora, regresaban al pueblo de día. Solían hacerlo por encima del túnel, escogiendo la hora del paso del tranvía interprovincial. Tumbados sobre el montículo, asomando la nariz al precipicio, los dos rapaces aguardaban impacientes la llegada del tren. La hueca resonancia del valle aportaba a sus oídos, con tiempo suficiente, la proximidad del convoy. Y, cuando el tren surgía del túnel, envuelto en una nube densa de humo, les hacía estornudar y reír con espasmódicas carcajadas. Y el tren se deslizaba bajo sus ojos, lento y traqueteante, monótono, casi al alcance de la mano.

Desde allí, por un senderillo de cabras, descendían a la carretera. El río cruzaba bajo el puente, con una sonoridad adusta de catarata. Era una corriente de montaña que discurría con fuerza entre grandes piedras reacias a la erosión. El murmullo oscuro de las aguas se remansaba, veinte metros más abajo, en la Poza del Inglés, donde ellos se bañaban en las tardes calurosas del estío.

En la confluencia del río y la carretera, a un kilómetro largo del pueblo, estaba la taberna de Quino, el Manco. Daniel, el Mochuelo, recordaba los buenos tiempos, los tiempos de las transacciones fáciles y baratas. En ellos, el Manco, por una perra chica les servía un gran vaso de sidra de barril y encima les daba conversación. Pero los tiempos habían cambiado últimamente y, ahora, Quino, el Manco, por cinco céntimos, no les daba más que conversación.

La tasca de Quino, el Manco, se hallaba casi siempre vacía. El Manco era generoso hasta la prodigalidad y en los tiempos que corrían resultaba arriesgado ser generoso. En la taberna de Quino, por unas causas o por otras, sólo se despachaba ya un pésimo vino tinto con el que mataban la sed los obreros y empleados de la fábrica de clavos, ubicada quinientos metros río abajo.

Más allá de la taberna, a la izquierda, doblando la última curva, se hallaba la quesería del padre del Mochuelo. Frente por frente, un poco internada en los prados, la estación y, junto a ella, la casita alegre, blanca y roja de Cuco, el factor. Luego, en plena varga ya, empezaba el pueblo propiamente dicho.

La Castilla adusta y mineral, la Castilla de transición entre la humedad norteña y la aridez de las tierras de pan y vino, está sintetizada en estas breves páginas de El disputado voto del señor Cayo, *novela publicada en diciembre de 1978.*

La carretera se rizaba como un tirabuzón. A la izquierda, en la falda de la ladera, crecían las escobas florecidas de un amarillo ardiente, luminoso, y, más arriba, una ancha franja de robles parecía sostener la masa de farallones grisientos que remataba la perspectiva por ese lado. A la derecha, el terreno, encendido asimismo por las flores de las escobas, se desplomaba sobre el río, flanqueado de saúcos y madreselvas y, una vez salvado, volvía a remontarse en un pliegue casi vertical, exornado, en las cumbres, por extrañas siluetas de piedra erosionada que resaltaban contra la creciente luminosidad del día:

—¡Joder! El Cañón del Colorado —exclamó Rafa.

La hoz se hacía por momentos más angosta y tortuosa. En la desembocadura de las escorrentías, las lluvias habían arrastrado tierra a la carretera y las ruedas traseras del coche derrapaban en las curvas. Víctor miró alternativamente por ambas ventanillas:

—Es increíble —dijo.

Laly apuntó a una piedra enhiesta, exenta, entre el bosque apretado de robles:

—¿Te fijas? Las rocas hacen figuras raras. ¡Mira esa! Parece una Virgen con el Niño.

Rafa rió:

—Y detrás, San José con la borriquilla. ¡No te jode! Os pierde la imaginación.

Al coronar el puerto, la topografía se hizo aún más adusta e inextricable. Detrás de los farallones aparecieron, de pronto, las oscuras siluetas de las montañas con las crestas blancas de nieve. Al pie, en un nuevo, angosto, valle, se adensaba la vegetación, dividida en dos por el río. Víctor dio a Rafa unos golpecitos en la espalda:

—Para, tú. Nunca vi una cosa igual.

—Vale, diputado.

Rafa detuvo el coche en el borde de la carretera:

—¿No te orillas más?

—Tranquilo. Por aquí no pasa un alma desde el treinta y seis.

Víctor se asomó cautelosamente al borde del abismo. De pronto, el sol, que desde hacía rato pugnaba con las nubes, asomó entre ellas y el paisaje, adormecido hasta entonces, adquirió relieve, animado por una insólita riqueza de matices. La mirada ensoñadora de Víctor ascendió desde el cauce del río hasta la flor amarilla, estridente, de las escobas, a las hojas coriáceas, espejeantes ahora, del bosque de robles y, finalmente, se detuvo en lo alto, en los dentados tolmos, agrupados en volúmenes arbitrarios pero con una cierta armonía de conjunto. De lo más profundo del valle llegaba el retumbo solemne, constantemente renovado, de las torrenteras del río. Permaneció un rato en silencio. Al cabo, repitió en voz baja, como un murmullo:

—Es increíble.

Dijo Rafa, frívolamente:

—Alucinante, macho, pero si un día me pierdo no me busques aquí. Esto está bien para las ovejas.

La mirada de Víctor siguió ahora el curso del río y se

detuvo en una poza verde, transparente, a la vera de un frondoso nogal. Dijo:

—Pues a mí no me importaría instalarme aquí para los restos con la mujer que me quisiera.

Rafa hizo un cómico visaje con los ojos:

—Vale —dijo—, pero a ver dónde encuentras esa mujer.

Terció Laly:

—¿Puede saberse por qué tienes ese concepto tan particular de las mujeres?

Rafa no respondió. En el silencio se hacían más perceptibles los golpes del agua contra las rocas, allá abajo, en lo más profundo de la hoz:

—Esto me recuerda —dijo Víctor, de pronto, adoptando una actitud de gravedad— el pleito que plantea Zanussi en *La estructura del cristal*. ¿Os acordáis?

—Cojonuda película —dijo Rafa.

Laly observó a Rafa con curiosidad:

—Tú, ¿con quién te identificas? —preguntó.

—Identificarme ¿de qué?

—Con el tío que se integra en el pueblo y asume serena y responsablemente la vida rural o con el becario, ávido de subir.

Rafa se apresuró a responder:

—Con este, joder. El otro es un alienado.

Intervino Víctor:

—No seas maximalista.

—¡Ostras! —voceó Rafa—. Un pueblo, una tía buena, tus libritos, tus discos... Muy bien, cojonudo. Y los demás que se jodan. Muy cómodo pero socialmente inútil.

Víctor se acarició la barba, acuclilló las piernas, tomó una hierbecilla de la cuneta y se la puso entre los dientes. Dijo suavemente:

—¿Por qué inútil?

—Egoísta, me es igual.

—¡Coño, egoísta! Según lo mires —dijo Laly—. Más egoísta es la postura del tío que sólo piensa en medrar para alcanzar la fama y el dinero. Puro arribismo.

—Pero es un servicio, tía. ¿No hemos quedado en que

si estamos aquí es para servir? ¿No te presentas tú a diputada por espíritu de servicio?

Víctor mordisqueaba la hierbecilla. Se incorporó y dijo apaciguador:

—Simplificas demasiado. El meteorólogo tampoco está en el pueblo tocándose los huevos, simplemente no es ambicioso, opta por servir desde un puesto modesto. Que en las horas de ocio se entretenga con un libro o agarre la caña y se vaya al río a coger un pez no es ninguna deserción.

Rafa se agachó, cogió una piedra del borde de la carretera y la lanzó con todas sus fuerzas intentando, en vano, alcanzar el río. Víctor sonrió e hizo lo propio. Su piedra se sumergió con un *glup* seco en la tablada más próxima.

—Los chicos de ahora no sabéis ni tirar piedras —dijo con indulgente menosprecio.

El rostro de Rafa cambió de expresión. Observaba insistentemente el abismo, el rotundo tajo del sol dividiendo en dos el angosto valle. Dijo con una seriedad impropia de él:

—Luces y sombras. Ahí lo tenéis en vivo, coño. ¿No era ese el invento de los Lumière?

La mirada gris de Víctor se tornó, de nuevo, ensoñadora y remota:

—Luces y sombras —repitió como para sí—. Tenebrismo puro. Y ¿en qué ha ido a parar todo? Mera experimentación para encubrir la mediocridad.

Rafa recuperó en un instante su despreocupación habitual:

—Joder, macho, tampoco te pongas así.

Laly asintió:

—Estoy de acuerdo —dijo—. El cine o la literatura que no exploran el corazón humano no me interesan. Las artes de laboratorio son pura evasión.

Víctor la miró profundamente a los ojos:

—¿Realismo crítico? —apuntó.

Laly denegó con firmeza:

—No —dijo—, no quería decir eso ahora. Pensaba en el

neorrealismo italiano, *Cuatro pasos por las nubes, Milagro en Milán,* ya sabes.

—Cochambre, joder —dijo Rafa—. Antonioni enterró eso y bien muerto está.

Laly levantó, de pronto, su brazo, mostrando el reloj, escandalizada:

—Pero ¿sabéis qué hora es?

—Joder, las cinco, tú —dijo Rafa—. Somos la pera. Los paletos llevarán media hora en la plaza aguardando a sus ilustres visitantes.

Por último, los dos capitulillos que siguen perte-necen a Viejas historias de Castilla la Vieja, *una novela corta que data de 1964 y que pudiera estar ambientada en cualquier pueblecito de Valladolid o Zamora.*

El día que me largué, las Mellizas dormían juntas en la vieja cama de hierro y, al besarlas en la frente, la Clara, que sólo dormía con un ojo y me miraba con el otro, azul, patéticamente inmóvil, rebulló y los muelles chirriaron, como si también quisieran despedirme. A Padre no le dije nada, ni hice por verle, porque me había advertido: «Si te marchas, hazte la idea de que no me has conocido.» Y yo me hice la idea desde el principio y amén. Y después de toparme con el Aniano, bajo el chopo del Elicio, tomé el camino de Pozal de la Culebra, con el hato al hombro y charlando con el Cosario de cosas insustanciales, porque en mi pueblo no se da demasiada importancia a las cosas y si uno se va, ya volverá; y si uno enferma, ya sanará; y si no sana, que se muera y que le entierren. Después de todo, el pueblo permanece y algo queda de uno agarrado a los cuetos, los chopos y los rastrojos. En las ciudades se muere uno del todo; en los pueblos, no; y la carne y los huesos de uno se hacen tierra, y si los trigos y las cebadas, los cuervos y las urracas medran y se reproducen es porque uno les dio su sangre y su calor y nada más.

El Aniano y yo íbamos por el camino y yo le dije al Aniano: «¿Tienes buena hora?» Y él miró para el sol, entrecerrando los ojos, y me dijo: «Aún no dio la media.» Yo me irrité un poco: «Para llegar al coche no te fíes del sol», dije. Y él me dijo: «Si es por eso no te preocupes. Orestes sabe que voy y el coche no arranca sin el Aniano.» Algo me pesaba dentro y dejé de hablar. Las alondras apeonaban entre los montones de estiércol, en la tierra del tío Tadeo, buscando los terrones más gruesos para encaramarse a ellos, y en el recodo volaron muy juntas dos codornices. El Aniano dijo: «Si las agarra el Antonio»; mas el Antonio no podía agarrarlas sino con red, en primavera, porque por una codorniz no malgastaba un cartucho, pero no dije nada porque algo me pesaba dentro y ya empezaba a comprender que ser de pueblo en Castilla era una cosa importante. Y así que llegamos al atajo de la Viuda, me volví y vi el llano y el camino polvoriento zigzagueando por él y, a la izquierda, los tres almendros del Ponciano y, a la derecha, los tres almendros del Olimpio, y detrás de los rastrojos amarillos, el pueblo, con la chata torre de la iglesia en medio y las casitas de adobe, como polluelos, en derredor. Eran cuatro casas mal contadas pero era un pueblo, y a mano derecha, según se mira, aún divisaba el chopo del Elicio y el palomar de la tía Zenona y el bando de palomas, muy nutrido, sobrevolando la última curva del camino. Tras el pueblo se iniciaban los tesos como moles de ceniza, y al pie del Cerro Fortuna, como protegiéndole del matacabras, se alzaba el soto de los Encapuchados, donde por San Vito, cuando era niño y Madre vivía, merendábamos los cangrejos que Padre sacaba del arroyo y una tortilla de escabeche. Recuerdo que Padre en aquellas meriendas empinaba la bota más de la cuenta y Madre decía: «Deja la bota, Isidoro; te puede hacer mal.» Y él se enfadaba. Padre siempre se enfadaba con Madre, menos el día que murió y la vio tendida en el suelo entre cuatro hachones. Aquel día se arrancó a llorar y decía: «No hubo mujer más buena que ella.» Luego se abrazó a las Mellizas y las dijo: «Sólo pido al Señor que os parezcáis a la difunta.» Y las Mellizas, que eran muy niñas, se reían por lo bajo como dos tontas y se decían: «Fíjate cuánta gente viene hoy por casa.»

Sobre la piedra caliza del recodo se balanceaba una picaza y es lo último que vi del pueblo, porque Aniano, el Cosario, me voceó desde lo alto del teso: «¿Vienes o no vienes? Orestes aguarda, pero se cabrea si le retraso.»

El páramo de Lahoces desciende suavemente hacia Villalube del Pan y desde mi pueblo tiene dos accesos —uno por delante del cerro y otro por detrás— por los que sólo puede subirse a uña de caballo. De la parte de mi pueblo el cueto queda flotando sobre los rastrojos y cuando le da la luz de cierta manera se pone turbio y agrisado como una ballena. Y a pesar de que el páramo queda más próximo de Villalube del Pan que de mi pueblo, las tierras son nuestras y pertenecían cuando yo era chico a los hermanos Hernando. Hernando Hernando, el mayor de los tres, regentaba además la cantina del pueblo y despachaba un clarete casi incoloro que engañaba la vista porque bastaban tres vasos para apañar una borrachera. El vino ese le pisaban en los lagares de Marchamalo, a tres leguas de mi pueblo, y, al decir de los entendidos, no era recio tan sólo por las uvas de sus bacillares, un verdejo sin pretensiones, sino porque los mozos trituraban la uva sin lavarse, con la acritud del sudor y del polvo aún agarrada a los pies. Bueno, pues los hermanos Hernando limpiaron el páramo de cascajo y luego sembraron el trigo en cerros, como es de ley, pero a los pocos años lo sembraron a manta y recogieron una cosecha soberana. Y todos en el pueblo querían conocer el secreto porque el trigo sembrado a manta cunde más, como es sabido, y nadie podía imaginar cómo con una huebra y un arado romano corriente y moliente se consiguiera aquel prodigio. Mas los hermanos Hernando eran taciturnos y reservones y no despegaban los labios. Y al llegar el otoño ascendían con sus aperos por la vereda sur y, como eran tres, según subían por el sendero, parecían los Reyes Magos. Una vez allí, daban vuelta a la tierra para que la paja pudriera y se oreCase la tierra. Luego binaban en primavera como si tal cosa, pero lo que nadie se explicaba es cómo se arreglaban para cubrir la semilla sin cachear los surcos. Y si alguno pretendía seguirles, Norberto, el menor de los tres, disparaba su escopeta desde el arado y, según decían, tiraba a dar.

En todo caso, la ladera del cerro es desnuda e inhóspita y apenas si con las lluvias de primavera se suaviza un tanto su adustez debido a la salvia y el espliego. Por la ladera aquella, que ignoro por qué la llaman en el pueblo La Lanzadera, se veían descender en el mes de agosto las polladas de perdiz a los rastrojos. Los perdigones andaban tan agudos que se diría que rodaban. Caminaban en fila india, la perdiz grande en cabeza, acechando cualquier improviso, mientras los perdigones descendían confiados, trompicando de vez en cuando en algún guijarro, piando torpemente, incipientemente, como gorriones. Luego, al ponerse el sol, regresaban al páramo con los buches llenos, de nuevo en rigurosa fila india, y allí en lo alto, en las tierras de los hermanos Hernando, pernoctaban.

Silos, el pastor, era más perjudicial para la caza que el mismo raposo, según decía el Antonio. Silos, el pastor, buscaba los nidos de perdiz con afán, y por las noches se llegaba con los huevos a la cantina de Hernando Hernando y se merendaba una tortilla. Una vez descubrió en la cárcava un nido con doce huevos y ese día bajó al pueblo más locuaz que de costumbre. El Antonio se enteró y se llegó a la cantina y, sin más, agarró la tortilla y la tiró al aire y le voceó al pastor: «Anda, cázala al vuelo. Así es como hay que cazar las perdices, granuja.» El Silos se quedó, al pronto, como paralizado, pero en seguida se rehízo y le dijo al Antonio: «Lo que te cabrea es que te gane por la mano, pero el día que mates tú una hembra te la vas a comer con plumas.» Después se puso a cuatro patas y engulló la tortilla sin tocarla con la mano siquiera, como los perros. Cuando el Antonio se fue, el Silos se echó al coleto tres tragos de clarete de Marchamalo y sentó cátedra sobre lo justo y lo injusto y decía: «Si él mata una hembra de perdiz, yo no puedo protestar aunque me deja sin huevos, pero si yo me como los huevos, él protesta porque le dejo sin perdices. ¿Qué clase de justicia es esta?»

II.   DEPENDENCIA DEL CIELO

Estrabón calificó la meseta norte como «país frío, áspero y pobre». No aludió, sin embargo, a la aridez, tal vez porque entonces no era árida, cuando es precisamente la escasez de agua o su desigual distribución la razón determinante del bajo rendimiento agrario castellano (bien entendido que, a partir de aquí, al hablar de Castilla, consideraremos al margen la provincia de Santander, cuya pluviometría y la densidad de sus bosques —una cosa llama a la otra— la alejan de la desmantelada topografía de las provincias del sur). Esto presupone que Castilla la Vieja, salvo un puñado de hectáreas redimidas recientemente en cada provincia por los riegos por aspersión (un ocho, quizá un diez por ciento de las tierras cultivables) es tierra de monocultivo, de cereal, del áspero, aleatorio secano, mientras los perdidos y laderas de sus lomas, albergan pequeños rebaños de ganado lanar y algunos atajos de cabrío. Poca cosa. Hablar hoy de una riqueza ganadera, o de un conflicto entre siembras y rebaños, como en tiempos de la Mesta, resultaría desproporcionado y a todas luces pretencioso.

Mas lo peor de la economía agraria castellana no es que sea pobre sino que sea insegura. La dependencia del cielo es aquí total. Pero tal vez antes que lluvias, nieves o sol, lo que se echa en falta en Castilla es un orden meteorológico que asegure un tempero adecuado para las siembras otoñales, hielo en diciembre para que la planta afirme, aguarradillas en abril para que el sembrado esponje y sol fuerte en junio para que la caña espigue. La volubilidad atmosférica es, sin embargo, la tónica dominante. Las lluvias, prematuras o tardías (el exceso de agua impidió sembrar en la otoñada del 59 y trillar, hasta que el grano se nació en las eras, en el verano del 61), las heladas intempestivas o los nublados de julio, dan al traste, año tras año, con buena parte de las cosechas. Afortunadamente la reciente, y todavía modesta, mecanización del agro, la siembra de cereales tremesinos, la subsolación profunda, la concentración parcelaria, el abandono de tierras marginales y los tímidos ensayos de irrigación, van alejando poco a poco el fantasma de la cosecha catastrófica, pero, a pesar de todo, Castilla sigue dependiendo del clima hasta tal punto que, como ya he dicho antes en alguna parte, empleando un lenguaje metafórico, si el cielo de Castilla es alto es porque lo habrán levantado los campesinos de tanto mirarlo. Por ello, nada tiene de particular que el refranero, el rico y sentencioso refranero castellano, tenga al clima como protagonista principal. Recordemos, siguiendo un orden cíclico: «Setiembre o seca las fuentes o se lleva los puentes», «En llegando San Andrés, invierno es», «Año de nieves, año de bienes», «Si la Candelaria plora, el invierno está ya fora», «En febrero, un rato al sol y otro al brasero», «Marzo ventoso y abril lluvioso, sacan a mayo florido y hermoso», «Si llueve en Santa Bibiana, llueve cuarenta días y una semana», «Agua agostera, tronza la era pero apaña la rastrojera»... El cielo, el tiempo, continúa siendo, a pesar del tractor, de la selección de semillas y otros avances técnicos y científicos, el gran protagonista de Castilla. A estos efectos, me parece indicativo el capítulo 15 de mi novela Las Ratas, donde asistimos a la tensa expectativa de los habitan-

*tes de una aldea ante la amenaza de una helada
tardía:*

Por Nuestra Señora de la Luz brotaron las centellas en
el prado y el Nini se apresuró a enviar razón al Rabino
Grande para que alejara las ovejas, pues según sabía por
el Centenario, la oveja que come centellas cría galápago
en el hígado y se inutiliza. Aquella misma tarde, el Pruden
informó al niño que los topos le minaban el huerto e
impedían medrar las acelgas y las patatas. Al atardecer el
Nini descendió al cauce y durante una hora se afanó en
abrir en el suelo pequeñas calicatas para comunicar las
galerías. El Nini sabía, por el abuelo Román, que formando corriente en las galerías el topo se constipa y con el
alba abandona su guarida para cubrirlas. El Nini trabajaba
con parsimonia, como recreándose, y, en su quehacer, se
guiaba por los pequeños montones de tierra esponjosa que
se alzaban en derredor. La Fa, repentinamente envejecida,
le veía hacer jadeando desde un sombrajo de carrizos,
mientras el Loy, el cachorro canela, correteaba en la cascajera persiguiendo a las lagartijas.

Al día siguiente, San Erasmo y Santa Blandina, antes de
salir el sol, el niño bajó de nuevo al huerto. La calina
difuminaba las formas de los tesos que parecían más distantes, y en las plantas se condensaba el rocío. Junto al
ribazo voló ruidosamente una codorniz, en tanto los grillos y las ranas que anunciaban alborozadamente la llegada del nuevo día, iban enmudeciendo a medida que el niño
se aproximaba. Ya en el huerto, el Nini se apostó en un
esquinazo junto al arroyo, y, apenas transcurridos diez
minutos, un rumor sordo, semejante al de los conejos
embardados, le anunció la salida del topo. El animal se
movía torpemente, haciendo frecuentes altos, y, tras una
última vacilación, se dirigió a una de las calicatas abiertas
por el niño y comenzó a acumular tierra sobre el agujero
arrastrándola con el hocico. El Loy, el cachorro, al divi-
sarle, se agachó sobre las manos y le ladró furiosamente,
brincando en extrañas fintas, pero el niño le apartó, rega-

ñándole, tomó el topo con cuidado y lo guardó en la cesta. En menos de una hora capturó tres topos más y apenas el resplandor rojo del sol se anunció sobre los cuetos y tendió las primeras sombras el Nini se incorporó, estiró perezosamente los bracitos y dijo a los perros: «Andando.» Al pie del Cerro Colorado, el José Luis, el Alguacil, abonaba los barbechos y poco más abajo, en la otra ribera del arroyo, el Antoliano ataba pacientemente las escarolas y las lechugas para que blanqueasen. Desde el pueblo llegaba el campanilleo del rebaño y las voces malhumoradas y soñolientas de los extremeños en el patio del Poderoso.

Veinte metros río abajo, al alcanzar los carrizos, se arrancó inopinadamente el águila perdicera. Era un hecho anómalo que el águila pernoctase en los juncos y el Nini no tardó en descubrir el nido burdamente construido sobre una zarza con cuatro palos entrelazados recubiertos con una piel de lebrato. Dos pollos, uno de mayor tamaño que otro, le enfocaban sus redondos ojillos desconfiados, levantando sus corvos picos en actitud amenazadora. El niño sonrió, arrancó un junco y se entretuvo un rato provocándoles, aguijoneándoles hasta hacerles desesperar. Arriba, en el azul del cielo, el águila madre describía grandes círculos, por encima de su cabeza.

El Nini silenció su descubrimiento, pero cada tarde descendía a la junquera para observar el progreso de los pollos, las evoluciones de la madre que, de vez en cuando, retornaba al nido apresando entre sus garras rapaces un lagarto, una rata o una perdiz. A cada incursión, el águila, encaramada en lo alto de la zarza, oteaba desafiante y majestuosa los alrededores, antes de desollar la pieza para entregársela a sus crías. El niño, oculto entre los juncos, espiaba sus movimientos, la avidez descompuesta de los aguiluchos devorando la presa, la orgullosa satisfacción del águila madre antes de remontarse de nuevo en la altura. De este modo los aguiluchos iban emplumando y desarrollándose, hasta que una tarde el Nini descubrió que el más pequeño había desaparecido del nido y el grande había sido amarrado con un alambre al tronco del zarzal. Mientras cortaba la atadura precipitadamente, pensó en Matías Celemín, el Furtivo, y, a poco, ya no pensó en nada porque el águila picaba en vertical sobre él desde una altura de 300 metros y la Fa y el Loy ladraban mirando a lo alto sin cesar de recular. El águila, en su descenso, apenas rozó el nido, sujetó entre sus garras la cría liberada, y se remontó de nuevo con ella en dirección al monte.

Dos días más tarde, el Triunfo de San Pablo, salió el norte y el tiempo refrescó. Los crepúsculos eran más fríos y los grillos y las codornices amortiguaron sus conciertos vespertinos. Al día siguiente, San Medardo, amainó el viento y, al atardecer, el cielo levantó y sobre el pueblo se cernía una atmósfera queda y transparente. Ya noche cerrada, asomó la luna, una luna blanca y lejana, que fue alzándose gradualmente sobre los tesos. Cuando el Ratero y el Nini llegaron a la taberna, el Chuco, el perro del Malvino, ladraba airadamente a la luna desde el corral y sus ladridos tenían una resonancia cristalina. El Malvino se descompuso. Dijo:

—¿Qué le ocurre a este animal esta noche?

Poco a poco, sin acuerdo previo, fueron llegando a la cantina todos los hombres del pueblo. Entraban diseminados, uno a uno, la negra boina capona calada hasta las orejas y antes de sentarse en los bancos miraban en torno medrosos y desconfiados. Tan sólo, de tiempo en tiempo, se sentía el golpe de un vaso sobre una mesa o una airada palabrota. La atmósfera iba llenándose de humo y cuando el Pruden apareció en la puerta, veinte rostros curtidos se volvieron a él patéticamente. El Pruden vaciló en el umbral. Parecía muy pálido e inseguro. Dijo:

—Mucho brillan los luceros, ¿no amagará la helada negra?

Le respondió el silencio y, al fondo, el enconado y metódico ladrido del Chuco, en el corral. El Pruden miró en torno antes de sentarse y entonces oyó el juramento del Rosalino, el Encargado, a sus espaldas y, al volverse, el Rosalino le dijo:

—Si yo fuera Dios pondría el tiempo a tu capricho sólo por no oírte.

Tras la oscura voz del Rosalino, el silencio se hizo más espeso y dramático. El José Luis, el Alguacil, rebulló inquieto antes de decir:

—Malvino, ¿no podrías callar ese perro?

Salió el tabernero y desde dentro se oyó el puntapié y el aullar dolorido del animal en fuga. En la estancia pareció aumentar la tensión al regresar el Malvino. Dijo, brumosamente, Guadalupe, el Capataz, al cabo de un rato:

—¿Dónde se ha visto que hiele por San Medardo?

Los cuarenta ojos convergieron ahora sobre él y Guadalupe, para ahuyentar su turbación, apuró el vaso de golpe. Malvino se llegó a él con la frasca y se lo llenó sin que el otro lo pidiera. Dijo luego, con la frasca en la mano, encarándose ya, decididamente, con lo inevitable:

—Eso no. Va para veinte años de la helada de Santa Oliva, ¿os recordáis? El cereal estaba encañado y seco y en menos de cuatro horas todo se lo llevó la trampa.

El hechizo se rompió de pronto:

—No llegarían a diez fanegas lo que cogimos en el término —añadió el Antoliano.

Justito, el Alcalde, desde la mesa del rincón voceó:

—Eso ocurre una vez. Un caso así no volveremos a verlo.

El Antoliano accionaba mucho con sus manazas en la mesa inmediata explicándole al Virgilio, el de la señora Clo, el desastre:

—Las argayas estaban chamuscadas, ¿oyes? Lo mismo que si el fuego hubiera pasado sobre ellas. Lo mismo. Todo carbonizado.

El tabernero llenaba los vasos, y las lenguas, al principio remisas, iban entrando en actividad. Se diría que mediante aquella ardiente comunicación esperaban ahora conjurar el peligro. De pronto, dominando las conversaciones, se oyó de nuevo el lastimero aullido del Chuco en el patio.

Dijo el Nini:

—El perro ese ladra como si hubiera un muerto.

Nadie le respondió y los aullidos del Chuco, cada vez más modulados, recorrieron las mesas como un calambre. El Malvino salió al patio. Su blasfemia se confundió con el llanto quejumbroso del perro y el portazo del Furtivo al entrar. Dijo Matías Celemín, resollando como si terminara de hacer un largo camino:

—Buena está cayendo. Los relejes están tiesos como en enero. En la huerta no queda un mato en pie. ¿A qué viene este castigo?

De todos los rincones se elevó un rumor de juramentos reprimidos. Sobre ellos retumbó la voz del Pruden excitada, vibrante:

—¡Me cago en mi madre! —chilló—. ¿Es esto vivir? Afana once meses como un perro y, luego, en una noche... —Se volvió al Nini. Su mirada febril se concentraba en el niño, expectante y ávida—: Nini, chaval —agregó—, ¿es que ya no hay remedio?

—Según —dijo el chiquillo gravemente.

—Según, según..., ¿según qué?

—El viento —respondió el niño.

El silencio era rígido y tenso. Las miradas de los hombres convergieron ahora sobre el Nini como los cuervos en octubre sobre los sembrados. Inquirió el Pruden:

—¿El viento?

—Si con el alba vuelve el norte arrastrará la friura y la espiga salvará. La huerta ya es más difícil —dijo el niño.

El Pruden se puso en pie y dio una vuelta entre las mesas. Andaba como borracho y reía ahora como un estúpido:

—¿Oísteis? —dijo—. Aún hay remedio. ¿Por qué no ha de salir el viento? ¿No es más raro que hiele por San Medardo y, sin embargo, está helando? ¿Por qué no ha de salir el viento?

Cesó repentinamente de reír y observó en torno esperando el asentimiento de alguien, pero repasó todos los rostros, uno a uno, y no vio más que una nube de escepticismo, una torva resignación allá en lo hondo de las pupilas. Entonces volvió a sentarse y ocultó el rostro entre las manos. Tras él, el Antoliano le decía al Ratero a media voz: «No hay ratas, la cosecha se pierde, ¿puede saberse qué coños nos ata a este maldito pueblo?» El Rabino Chico tartamudeó: «La tie... La tierra —dijo—. La tierra es como la mujer de uno.» El Rosalino gritó desde el otro extremo: «¡Tal cual, que te la pega con el primero que llega!» Mamés, el Mudo, hacía muecas junto al Furtivo, unas muecas aspaventeras como cada vez que se ponía nervioso. Matías Celemín voceó de pronto: «¡Calla, Mudo, leche, que mareas!» El Frutos, el Jurado, dijo entonces: «¿Y si cantara el Virgilio?» Y, como si aquello fuera una señal, vocearon simultáneamente de todas las mesas: «¡Ven, Virgilio, tócate un poco!» Agapito, el Peatón, empezó a palmear el tablero acompasadamente con las palmas de las manos. El Justito, que desde hacía dos horas bebía sin parar del porrón, levantó su voz sobre los demás: «¡Dale, Virgilio, la que sea sonará!» y el Virgilio carraspeó por dos veces y se arrancó por *El Farolero* y el Agapito y el Rabino Grande batieron palmas y, a poco, el Frutos, el Guadalupe, el Antoliano y el José Luis se unieron a ellos. Minutos más tarde, la taberna hervía y las palmas se mezclaban con las voces enloquecidas entonando desafinadamente viejas y doloridas canciones. El humo llenaba la estancia y Malvino, el tabernero, recorría las mesas y colmaba los vasos y los porrones sin cesar. Fuera, la luna describía sigilosamente su habitual parábola sobre los tesos y los tejados del pueblo y la escarcha iba cuajando en las hortalizas y las argayas.

El tiempo había dejado de existir y al irrumpir en la taberna la Sabina, la del Pruden, los hombres se miraron ojerosos y atónitos, como preguntándose la razón por la que se encontraban allí congregados. El Pruden se frotó los ojos y su mirada se cruzó con la mirada vacía de la Sabina y, entonces, la Sabina gritó:

—¿Puede saberse qué sucede para que arméis este jorco a unas cinco de la mañana? ¿Es que todo lo que se os ocurre es alborotar como chicos cuando la escarcha se lleva la cosecha? —Avanzó dos pasos y se encaró con el

Pruden—: Tú, Acisclo, no te recuerdas ya de la helada de Santa Oliva, ¿verdad? Pues la de esta noche aún es peor, para que lo sepas. Las espigas no aguantan la friura y se doblan como si fueran de plomo.

Repentinamente se hizo un silencio patético. Parecía la taberna, ahora, la antesala de un moribundo, donde nadie se decidiera a afrontar los hechos, a comprobar si la muerte se había decidido al fin. Una vaca mugió plañideramente abajo, en los establos del Poderoso, y como si esto fuera la señal esperada, el Malvino se llegó al ventanuco y abrió de golpe los postigos. Una luz difusa, hiberniza y fría se adentró por los cristales empañados. Pero nadie se movió aún. Únicamente al alzarse sobre el silencio el ronco quiquiriquí del gallo blanco del Antoliano, el Rosalino se puso en pie y dijo: «Venga, vamos.» La Sabina sujetaba al Pruden por un brazo y le decía: «Es la miseria, Acisclo, ¿te das cuenta?» Fuera, entre los tesos, se borraban las últimas estrellas y una cruda luz blanquecina se iba extendiendo sobre la cuenca. Los reflejos parecían de piedra y la tierra crepitaba al ser hollada como cáscara de nueces. Los grillos cantaban tímidamente y desde lo alto de la Cotarra Donalcio llamaba con insistencia un macho de perdiz. Los hombres avanzaban cabizbajos por el camino y el Pruden tomó al Nini por el cuello y a cada paso le decía: «¿Saldrá el norte, Nini? ¿Tú crees que puede salir el norte?» Mas el Nini no respondía. Miraba ahora la verja y la cruz del pequeño camposanto en lo alto del alcor y se le antojaba que aquel grupo de hombres abatidos, adentrándose por los vastos campos de cereales, esperaba el advenimiento de un fantasma. Las espigas se combaban, cabeceando, con las argayas cargadas de escarcha y algunas empezaban ya a negrear. El Pruden dijo desoladamente, como si todo el peso de la noche se desplomara de pronto sobre él: «El remedio no llegará a tiempo.»

Abajo, en la huerta, las hortalizas estaban abatidas, las hojas mustias, chamuscadas. El grupo se detuvo en los sembrados encarando el Pezón de Torrecillórigo y los hombres clavaron sus pupilas en la línea, cada vez más

nítida, de los cerros. Tras la Cotarra Donalcio la luz era
más viva. De vez en cuando, alguno se inclinaba sobre el
Nini y en un murmullo le decía: «Será tarde ya, ¿verdad,
chaval?» Y el Nini respondía: «Antes de asomar el sol es
tiempo. Es el sol quien abrasa las espigas.» Y en los
pechos renacía la esperanza. Pero el día iba abriendo sin
pausa, aclarando los cuetos, perfilando la miseria de las
casas de adobes y el cielo seguía alto y el tiempo quedo y
los ojos de los hombres, muy abiertos, permanecían fijos,
con angustiosa avidez, en la divisoria de los tesos.

Todo aconteció de repente. Primero fue un soplo tenue,
sutil, que acarició las espigas; después, el viento tomó voz
y empezó a descender de los cerros ásperamente, desmelenado, combando las cañas, haciendo ondular como un
mar las parcelas de cereales. A poco, fue un bramido
racheado el que sacudió los campos con furia y las espigas empezaron a pendulear, aligerándose de escarcha,
irguiéndose progresivamente a la dorada luz del amanecer. Los hombres, cara al viento, sonreían imperceptiblemente, como hipnotizados, sin atreverse a mover un solo
músculo por temor a contrarrestar los elementos favorables. Fue el Rosalino, el Encargado, quien primero recuperó la voz y volviéndose a ellos dijo:

—¡El viento! ¿Es que no le oís? ¡Es el viento!

Y el viento tomó sus palabras y las arrastró hasta el
pueblo, y entonces, como si fuera un eco, la campana de
la parroquia empezó a repicar alegremente y, a sus tañi-
dos, el grupo entero pareció despertar y prorrumpió en
exclamaciones incoherentes y Mamés, el Mudo, babeaba
e iba de un lado a otro sonriendo y decía: «Je, je.» Y el
Antoliano y el Virgilio izaron al Nini por encima de sus
cabezas y voceaban:

—¡Él lo dijo! ¡El Nini lo dijo!

Y el Pruden, con la Sabina sollozando a su cuello, se
arrodilló en el sembrado y se frotó una y otra vez la cara
con las espigas, que se desgranaban entre sus dedos, sin
cesar de reír alocadamente.

III. RELIGIOSIDAD

La inseguridad atmosférica ha originado en el labriego castellano una segunda naturaleza basada en la desconfianza: desconfianza en las propias fuerzas y en la asistencia del sol o del agua que necesita. Esta desconfianza, apuntalada en razones climatológicas, va extendiéndose después hacia sus convecinos y hacia la vida misma y acaba configurando una manera de ser: la del hombre insatisfecho, receloso, que vive en una perpetua zozobra. El campesino castellano, por sistema, nunca nos dirá que las cosas van bien. Es incuestionable que el noventa y nueve por ciento de las veces tendrá razón, la cosecha, por fas o por nefas, se le tuerce o se le niega, pero cuando, por raro azar, llega un año en que los elementos se combinan, al fin, de una manera congruente y la tierra se muestra generosa, el campesino, que ha adoptado la quejumbre como un tic, no lo reconocerá así, nunca faltará un pero *o un* sin embargo *que le impedirá exteriorizar abiertamente su satisfacción.*

Su impotencia frente al cielo, la conciencia de su insignificancia en un paisaje infinito, acentúan la religiosidad del castellano, una religiosidad activa, que se muestra en tradiciones y fiestas —San Roque, la Virgen— pero con un ingrediente de interés, a la manera romana: «Doy para que me des.» Sacar el Santo, las rogativas, *etc.,* constituyen viejos hábitos para impetrar del cielo un favor, generalmente la lluvia. (Me *cuentan que hace años, en un pueblecito de Castilla, ante la primera nube que apareció en el firmamento, tras una larga y seca primavera, los mozos se decidieron a sacar el Santo, implorando ayuda para sus campos, mas en plena procesión, la nube se asentó sobre el término y en lugar de agua, empezó a descargar piedras del tamaño de avellanas. Los mozos, desconcertados primero y despechados después, tomaron las andas y, en un impulso de irritación colectiva, arrojaron la imagen, insensible a sus ruegos, a la poza más profunda del río. He aquí, en última instancia, y a contrapelo, un auténtico acto de fe popular.)*

De otra parte, el paisaje monótono, la vida rutinaria, la vecindad inmediata y constante con la mediocridad, le hace propenso a aceptar lo mágico, la milagrería, la superstición, cualquier cosa que venga a quebrar el rastrero curso de la vulgaridad cotidiana. Esta proclividad a lo maravilloso, que en principio parece reñida con su tradicional desconfianza, es, sin embargo, un hecho notorio y contagioso que puede observarse en cualquier aldea de Castilla la Vieja por insignificante que parezca.

A lo largo de mi obra, yo he procurado hacerme eco de esta debilidad; así, las visiones de la abuela Benetilde en Las guerras de nuestros antepasados, el portento de los pájaros que no se vuelan de las andas de la Virgen en La Hoja Roja, el episodio del petróleo en Las Ratas, etc., son manifestaciones de una tendencia a la milagrería, de un estado de credulidad, que yo llamaría de expectativa de prodigio, motivado, las más de las veces, por hechos perfectamente naturales y de una simplicidad elemental.

Como exponente de este rasgo he tomado el capítulo XIX de El Camino, sumamente explícito en este sentido:

Germán, el Tiñoso, levantó un dedo, ladeó un poco la cabeza para facilitar la escucha, y dijo:

—Eso que canta en ese bardal es un rendajo.

El Mochuelo dijo:

—No. Es un jilguero.

Germán, el Tiñoso, le explicó que los rendajos tenían unas condiciones cantoras tan particulares, que podían imitar los gorjeos y silbidos de toda clase de pájaros. Y los imitaban para atraerlos y devorarlos luego. Los rendajos eran pájaros muy poco recomendables, tan hipócritas y malvados.

El Mochuelo insistió:

—No. Es un jilguero.

Encontraba un placer en la contradicción aquella mañana. Sabía que había una fuerza en su oposición, aunque esta fuese infundada. Y hallaba una satisfacción morbosa y oscura en llevar la contraria.

Roque, el Moñigo, se incorporó de un salto y dijo:

—Mirad; un tonto de agua.

Señalaba a la derecha de la Poza, tres metros más allá de donde desaguaba el Chorro. En el pueblo llamaban tontos a las culebras de agua. Ignoraban el motivo, pero ellos no husmeaban jamás en las razones que inspiraban el vocabulario del valle. Lo aceptaban, simplemente, y sabían por eso que aquella culebra que ganaba la orilla a coletazos espasmódicos era un tonto de agua. El tonto llevaba un pececito atravesado en la boca. Los tres se pusieron de pie y apilaron unas piedras.

Germán, el Tiñoso, advirtió:

—No dejarle subir. Los tontos en las cuestas se hacen un aro y ruedan más de prisa que corre una liebre. Y atacan, además.

Roque, el Moñigo, y Daniel, el Mochuelo, miraron atemorizados al animal. Germán, el Tiñoso, saltó de roca en roca para aproximarse con un pedrusco en la mano. Fue una mala pisada o un resbalón en el légamo que recubría las piedras, o un fallo de su pierna coja. El caso es que Germán, el Tiñoso, cayó aparatosamente contra las rocas, recibió un golpe en la cabeza, y de allí se deslizó, como un fardo sin vida, hasta la Poza. El Moñigo y el Mochuelo se arrojaron al agua tras él, sin titubeos. Braceando desesperadamente lograron extraer a la orilla el cuerpo de su amigo. El Tiñoso tenía una herida enorme en la nuca y había perdido el conocimiento. Roque y Daniel estaban aturdidos. El Moñigo se echó al hombro el cuerpo inanimado del Tiñoso y lo subió hasta la carretera. Ya en casa de Quino, la Guindilla le puso unas compresas de alcohol en la cabeza. Al poco tiempo pasó por allí Esteban, el panadero, y lo transportó al pueblo en su tartana.

Rita, la Tonta, prorrumpió en gritos y ayes al ver llegar a su hijo en aquel estado. Fueron unos instantes de confusión. Cinco minutos después, el pueblo en masa se apiñaba a la puerta del zapatero. Apenas dejaban paso a don Ricardo, el médico; tal era su anhelante impaciencia. Cuando este salió, todos los ojos le miraban, pendientes de sus palabras.

—Tiene fracturada la base del cráneo. Está muy grave. Pidan una ambulancia a la ciudad —dijo el médico.

De repente, el valle se había tornado gris y opaco a los ojos de Daniel, el Mochuelo. Y la luz del día se hizo pálida y macilenta. Y temblaba en el aire una fuerza aún mayor que la de Paco, el herrero. Pancho, el Sindiós, dijo de aquella fuerza que era el Destino, pero la Guindilla dijo que era la voluntad del Señor. Como no se ponían de acuerdo, Daniel se escabulló y entró en el cuarto del herido. Germán, el Tiñoso, estaba muy blanco y sus labios encerraban una suave y diluida sonrisa.

El Tiñoso sirvió de campo de batalla, durante ocho horas, entre la vida y la muerte. Llegó la ambulancia de la ciudad con Tomás, el hermano del Tiñoso, que estaba empleado en una empresa de autobuses. El hermano entró en la casa como loco y en el pasillo se encontró con Rita, la Tonta, que salía despavorida de la habitación del enfermo. Se abrazaron madre e hijo de una manera casi eléctrica. La exclamación de la Tonta fue como un chispazo fulminante.

—Tomás, llegas tarde. Tu hermano acaba de morir —dijo.

Y a Tomás se le saltaron las lágrimas y juró entre dientes como si se rebelara contra Dios por su impotencia. Y a la puerta de la vivienda las mujeres empezaron a hipar y a llorar a gritos, y Andrés, «el hombre que de perfil no se le ve», salió también de la habitación, todo encorvado, como si quisiera ver las pantorrillas de la enana más enana del mundo. Y Daniel, el Mochuelo, sintió que quería llorar y no se atrevió a hacerlo porque Roque, el Moñigo, vigilaba sus reacciones sin pestañear, con una rigidez despótica. Pero le extrañó advertir que ahora todos querían al Tiñoso. Por los hipos y gemiqueos se diría que Germán, el Tiñoso, era hijo de cada una de las mujeres del pueblo. Mas a Daniel, el Mochuelo, le consoló, en cierta manera, este síntoma de solidaridad.

Mientras amortajaban a su amigo, el Moñigo y el Mochuelo fueron a la fragua:

—El Tiñoso se ha muerto, padre —dijo el Moñigo. Y Paco, el herrero, hubo de sentarse a pesar de lo grande y fuerte que era, porque la impresión lo anonadaba. Dijo, luego, como si luchase contra algo que le enervara:

—Los hombres se hacen; las montañas están hechas ya.

El Moñigo dijo:

—¿Qué quieres decir, padre?

—¡Que bebáis! —dijo Paco, el herrero, casi furioso, y le extendió la bota de vino.

Las montañas tenían un cariz entenebrecido y luctuoso aquella tarde y los prados y las callejas y las casas del pueblo y los pájaros y sus acentos. Entonces, Paco, el herrero, dijo que ellos dos debían encargar una corona fúnebre a la ciudad como homenaje al amigo perdido y fueron a casa de las Lepóridas y la encargaron por teléfono. La Camila estaba llorando también, y aunque la conferencia fue larga no se la quiso cobrar. Luego volvieron a casa de Germán, el Tiñoso, Rita, la Tonta, se abrazó al cuello del Mochuelo y le decía atropelladamente que la perdonase, pero que era como si pudiese abrazar aún a su hijo, porque él era el mejor amigo de su hijo. Y el Mochuelo se puso más triste todavía, pensando que cuatro semanas después él se iría a la ciudad a empezar a progresar y la Rita, que no era tan tonta como decían, habría de quedarse sin el Tiñoso y sin él para enjugar sus pobres afectos truncados. También el zapatero les pasó la mano por los hombros y les dijo que les estaba agradecido porque ellos habían salvado a su hijo en el río, pero que la muerte se empeñó en llevárselo y contra ella, si se ponía terca, no se conocía remedio.

Las mujeres seguían llorando junto al cadáver y, de vez en cuando, alguna tenía algún arranque y besaba y estrujaba el cuerpecito débil y frío del Tiñoso, en tanto sus lágrimas y alaridos se incrementaban.

Los hermanos de Germán anudaron una toalla a su cráneo para que no se vieran las calvas y Daniel, el Mochuelo, experimentó más pena porque, de esta guisa, su amigo parecía un niño moro, un infiel. El Mochuelo esperaba que a don José, el cura, le hiciese el mismo efecto y mandase quitar la toalla. Pero don José llegó; abrazó al zapatero y administró al Tiñoso la Santa Unción sin reparar en la toalla.

Los grandes raramente se percatan del dolor acerbo y sutil de los pequeños. Su mismo padre, el quesero, al verle por primera vez, después del accidente, en vez de consolarle, se limitó a decir:

—Daniel, para que veas en lo que acaban todas las diabluras. Lo mismo que le ha ocurrido al hijo del zapatero podría haberte sucedido a ti. Espero que esto te sirva de escarmiento.

Daniel, el Mochuelo, no quiso hablar, pues barruntaba que de hacerlo terminaría llorando. Su padre no quería darse cuenta de que cuando sobrevino el accidente no intentaban diablura alguna, sino, simplemente, matar un tonto de agua. Ni advertía tampoco que lo mismo que él le metió la perdigonada en el carrillo la mañana que ma-

taron el milano con el Gran Duque, podría habérsela
metido en la sien y haberle mandado al otro barrio. Los
mayores atribuían las desgracias a las imprudencias de los
niños, olvidando que estas cosas son siempre designios de
Dios y que los grandes también cometen, a veces, imprudencias.

Daniel, el Mochuelo, pasó la noche en vela, junto al
muerto. Sentía que algo grande se velaba dentro de él y
que en adelante nada sería como había sido. Él pensaba
que Roque, el Moñigo, y Germán, el Tiñoso, se sentirían
muy solos cuando él se fuera a la ciudad a progresar, y
ahora resultaba que el que se sentía solo, espantosamente
solo, era él, y sólo él. Algo se marchitó de repente muy
dentro de su ser: quizá la fe en la perennidad de la infancia. Advirtió que todos acabarían muriendo, los viejos y
los niños. Él nunca se paró a pensarlo y, al hacerlo ahora,
una sensación punzante y angustiosa casi le asfixiaba.
Vivir de esta manera era algo brillante, y a la vez, terrible-
mente tétrico y desolado. Vivir era ir muriendo día a día,
poquito a poco, inexorablemente. A la larga, todos acabarían muriendo: él y don José, y su padre, el quesero, y su
madre, y las Guindillas, y Quino, y las cinco Lepóridas, y
Antonio, el Buche, y la Mica, y la Mariucauca, y don
Antonino, el marqués, y hasta Paco, el herrero. Todos
eran efímeros y transitorios y a la vuelta de cien años no
quedaría rastro de ellos sobre las piedras del pueblo.
Como ahora no quedaba rastro de los que les habían
precedido en una centena de años. Y la mutación se pro-
duciría de una manera lenta e imperceptible. Llegarían a
desaparecer del mundo todos, absolutamente todos los
que ahora poblaban su costra y el mundo no advertiría el
cambio. La muerte era lacónica, misteriosa y terrible.

Con el alba, Daniel, el Mochuelo, abandonó la compañía del muerto y se dirigió a su casa a desayunar. No tenía
hambre, pero juzgaba una medida prudente llenar el estómago ante las emociones que se avecinaban. El pueblo
asumía a aquella hora una quietud demasiado estática,
como si todo él se sintiera recorrido y agarrotado por el

tremendo frío de la muerte. Y los árboles estaban como acorchados. Y el quiquiriquí de los gallos resultaba fúnebre, como si cantasen con sordina o no se atreviesen a mancillar el ambiente de duelo y recogimiento que pesaba sobre el valle. Y las montañas enlutaban, bajo un cielo plomizo, sus formas colosales. Y hasta en las vacas que pastaban en los prados se acentuaba el aire cansino y soñoliento que en ellas era habitual.

Daniel, el Mochuelo, apenas desayunó regresó al pueblo. Al pasar frente a la tapia del boticario divisó un tordo picoteando un cerezo silvestre junto a la carretera. Se reavivó en él el sentimiento del Tiñoso, el amigo perdido para siempre. Buscó el tirachinas en el bolsillo y colocó una piedra en la badana. Luego apuntó al animal cuidadosamente y estiró las gomas con fuerza. La piedra, al golpear el pecho del tordo, produjo un ruido seco de huesos quebrantados. El Mochuelo corrió hacia el animal abatido y las manos le temblaban al recogerlo. Después reanudó el camino con el tordo en el bolsillo.

Germán, el Tiñoso, ya estaba dentro de la caja cuando llegó. Era una caja blanca, barnizada, que el zapatero había encargado a una funeraria de la ciudad. También había llegado la corona encargada por ellos con la leyenda que dispuso el Moñigo: «Tiñoso, tus amigos Mochuelo y Moñigo no te olvidarán jamás.» Rita, la Tonta, volvió a abrazarle con énfasis, diciéndole, en voz baja, que era muy bueno. Pero Tomás, el hermano colocado en una empresa de autobuses, se enfadó al ver la leyenda y cortó el trozo donde decía «Tiñoso», dejando sólo: «tus amigos Mochuelo y Moñigo no te olvidarán jamás.»

Mientras Tomás cortaba la cinta y los demás le contemplaban, Daniel, el Mochuelo, depositó con disimulo el tordo en el féretro, junto al cadáver de su amigo. Había pensado que su amigo, que era tan aficionado a los pájaros, le agradecería, sin duda, desde el otro mundo, este detalle. Mas Tomás, al volver a colocar la corona fúnebre a los pies del cadáver, reparó en el ave, incomprensiblemente muerta junto a su hermano. Acercó mucho los ojos

para cerciorarse de que era un tordo lo que veía, pero
después de comprobarlo no se atrevió a tocarlo. Tomás se
sintió recorrido por una corriente supersticiosa.

—¿Qué... quién... cómo demonios está aquí esto? —dijo.

Daniel, el Mochuelo, después del enfado de Tomás por
lo de la corona, no se atrevió a declarar su parte de culpa
en esta nueva peripecia. El asombro de Tomás se contagió
pronto a todos los presentes que se acercaban a contemplar el pájaro. Ninguno, empero, osaba tocarlo.

—¿Cómo hay un tordo ahí dentro?

Rita, la Tonta, buscaba una explicación razonable en el
rostro de cada uno de sus vecinos. Pero en todos leía un
idéntico estupor.

—Mochuelo, ¿sabes tú...?

—Yo no sé nada. No había visto el tordo hasta que lo
dijo Tomás.

Andrés, «el hombre que de perfil no se le ve», entró en
aquel momento. Al ver el pájaro se le ablandaron los ojos
y comenzó a llorar silenciosamente.

—Él quería mucho a los pájaros; los pájaros han venido
a morir con él —dijo.

El llanto se contagió a todos y a la sorpresa inicial
sucedió pronto la creencia general en una intervención
ultraterrena. Fue Andrés, «el hombre que de perfil no se
le ve», quien primero lo insinuó con voz temblorosa:

—Esto... es un milagro.

Los presentes no deseaban otra cosa sino que alguien
expresase en alta voz su pensamiento para estallar. Al oír
la sugerencia del zapatero se oyó un grito unánime y
desgarrado, mezclado con ayes y sollozos:

—¡Un milagro!

Varias mujeres, amedrentadas, salieron corriendo en
busca de don José. Otras fueron a avisar a sus maridos y
familiares para que fueran testigos del prodigio. Se orga-
nizó un revuelo caótico e irrefrenable.

Daniel, el Mochuelo, tragaba saliva incesantemente en
un rincón de la estancia. Aun después de muerto el Tiñoso, los entes perversos que flotaban en el aire seguían

enredándole los más inocentes y bien intencionados asuntos. El Mochuelo pensó que tal como se habían puesto las cosas, lo mejor era callar. De otro modo, Tomás, en su excitación, sería muy capaz de matarlo.

Entró apresuradamente don José, el cura.

—Mire, mire, don José —dijo el zapatero.

Don José se acercó con recelo al borde del féretro y vio el tordo junto a la yerta mano del Tiñoso.

—¿Es un milagro o no es un milagro? —dijo la Rita, toda exaltada, al ver la cara de estupefacción del sacerdote.

Se oyó un prolongado murmullo en torno. Don José movió la cabeza de un lado a otro mientras observaba los rostros que le rodeaban.

Su mirada se detuvo un instante en la carita asustada del Mochuelo. Luego dijo:

—Sí que es raro todo esto. ¿Nadie ha puesto ahí ese pájaro?

—¡Nadie, nadie! —gritaron todos.

Daniel, el Mochuelo, bajó los ojos. La Rita volvió a gritar, entre carcajadas histéricas, mientras miraba con ojos desafiadores a don José:

—¡Qué! ¿Es un milagro o no es un milagro, señor cura?

Don José intentó apaciguar los ánimos, cada vez más excitados.

—Yo no puedo pronunciarme ante una cosa así. En realidad es muy posible, hijos míos, que alguien por broma o con buena intención, haya depositado el tordo en el ataúd y no se atreva a declararlo ahora por temor a vuestras iras. —Volvió a mirar insistentemente a Daniel, el Mochuelo, con sus ojillos hirientes como puntas de alfileres. El Mochuelo, asustado, dio media vuelta y escapó a la calle. El cura prosiguió—: De todas formas yo daré traslado al Ordinario de lo que aquí ha sucedido. Pero os repito que no os hagáis ilusiones. En realidad, hay muchos hechos de apariencia milagrosa que no tienen de milagro más que eso: la apariencia. —De repente cortó, seco—: A las cinco volveré para el entierro.

En la puerta de la calle, don José, el cura, que era un gran santo, se tropezó con Daniel, el Mochuelo, que le observaba a hurtadillas, tímidamente. El párroco oteó las proximidades y como no viera a nadie en derredor, sonrió al niño, le propinó unos golpecitos paternales en el cogote, y le dijo en un susurro:

—Buena la has hecho, hijo; buena la has hecho.

Luego le dio a besar su mano y se alejó, apoyándose en la cachaba, a pasitos muy lentos.

IV. SUMISIÓN

*La escasa ilustración del hombre de campo en Cas-
tilla, sus condiciones de vida, siempre estrechas y, a
menudo, insuficientes, le hicieron caer, desde antiguo, bajo la arbitrariedad del cacique. En Castilla la
Vieja, tierra de minifundios, se ha ido debilitando, sin
embargo, la institución caciquil, en el último medio
siglo, hasta desaparecer del todo en no pocas circuns-
cripciones. Mas el bracero, el modesto colono, el apar-
cero, siguen alentando bajo un vago sentimiento de
desamparo, de temor, que les inclinan a situarse espontáneamente bajo la protección del poderoso o del
que consideran tal. Esta sensación de inseguridad
acreció durante los últimos lustros, con el advenimiento de la civilización del papel, debido al desconoci-
miento por parte del campesino de los trámites buro-
cráticos. El campesino cree, con sobrado fundamento,
que un papel firmado a destiempo puede acarrearle
la desgracia o, al menos, un cúmulo de sinsabores.
Esta situación inspira, por un lado, un supersticioso
temor a los papeles y, por otro, la conveniencia de
granjearse el valimiento de aquel que, de alguna manera, domina este inextricable mundo, más tenebroso
aún para él que el de los elementos atmosféricos. Mas
el hombre que influye en la comunidad rural no es ya
necesariamente un cacique, considerando a este como
una eminencia económica o política. En nuestros días,
el* cacique *puede ser un titulado, o simplemente un*

*hombre letrado o con cualquier tipo de ascendencia
social, religiosa, etc. En todo caso, en nuestros pueblos, como en la vieja jerarquía del feudalismo euro-
peo, todavía se establece una graduación de sumisio-
nes que las más de las veces, por supuesto, no generan
relaciones afectivas, sino todo lo contrario.*

*A lo largo de mis libros tropieza uno con no pocas
situaciones que acreditan lo dicho, pero, quizá, donde
mejor se observa esto es en el capítulo 7 de* Las Ratas,
*historia que se desarrolla durante la dictadura y en la
que puede advertirse que la institución castellana del
cacique —y no sólo castellana, puesto que en el sur
tuvo aún mayor desarrollo— no desapareció en esos
años, sino que subsistió adoptando una forma de je-
rarquización política, de burocracia escalonada, a la
que sólo osaron oponerse tipos desheredados y lunáti-
cos como el tío Ratero, protagonista de la novela:*

A medida que se adentraba el invierno, el Pajero del
común iba mermando. Los hombres y las mujeres del
pueblo se llegaban a él con los asnos y acarreaban la paja
hasta sus hogares. Una vez allí la mezclaban con grano
para el ganado, o la hacían estiércol en las cuadras, o
simplemente la quemaban en las glorias o las cocinas para
protegerse de la intemperie. De este modo al finalizar
diciembre, el Nini divisaba desde la cueva, por encima del
Pajero, el anticuado potro donde se herraron las caballe-
rías en los distantes tiempos en que las hubo en el pueblo.

Por San Aberico, antes de concluir enero, se desenca-
denó la cellisca. El Nini la vio venir de frente, entre los
cerros Chato y Cantamañanas, avanzando sombría y solemne, desflecándose sobre las colinas. En pocas horas la
nube entoldó la cuenca y la asaeteó con un punzante
aguanieve. Los desnudos tesos, recortados sobre el cielo
plomizo, semejaban dunas de azúcar, de una claridad des-
lumbrante. Por la noche, la cellisca, baqueteada por el
viento, resaltaba sobre las cuatro agónicas lámparas del
pueblo, y parecía provenir ora de la tierra, ora del cielo.

El Nini observaba en silencio el desolado panorama.
Tras él, el tío Ratero hurgaba en el hogar. El tío Ratero
ante el fuego se relajaba y al avivarle, o dividirle, o con-
centrar, o aventar las brasas, movía los labios y sonreía. A
veces, excepcionalmente, salía a recorrer los tesos sacudi-
dos por la cellisca y, en esos casos, como cuando soplaba
el matacabras, se amarraba la sucia boina capona con un
cordel, con la lazada bajo la barbilla, como hacía en tiempos el abuelo Román.

Para poder encender fuego dentro de la cueva, el tío
Ratero horadó los cuatro metros de tierra del techo con
un tubo herrumbroso que le proporcionó Rosalino, el
Encargado. El Rosalino le advirtió entonces: «Ojo, Ratero, no sea la cueva tu tumba.» Pero él se las ingenió para
perforar la masa de tierra sin producir en el techo más que
una ligera resquebrajadura que apeó con un puntal primitivo. Ahora, el tubo herrumbroso humeaba locamente entre la cellisca, y el tío Ratero, dentro de la cueva, observaba las lengüetas agresivas y cambiantes de las llamas,
arrullado por los breves estallidos de los brotes húmedos.
La perra, alebrada junto a la lumbre, emitía, de vez en
cuando, un apagado ronquido. Llegada la noche, el tío
Ratero mataba la llama, pero dejaba la brasa y al tibio
calor del rescoldo dormían los tres sobre las pajas, el niño
en el regazo del hombre, la perra en el regazo del niño y,
mientras el zorrito fue otro compañero, el zorro en el
regazo de la perra. El José Luis, el Alguacil, les presagiaba
calamidades sin cuento: «Ratero —decía—, cualquier noche se prende la paja y os achicharráis ahí dentro como
conejos.» El tío Ratero escuchaba con su sonrisa socarrona, escépticamente, porque sabía, primero, que el fuego
era su amigo y no podía jugársela, y, segundo, que el José
Luis, el Alguacil, no era más que un mandado de Justito,
el Alcalde, y que Justito, el Alcalde, había prometido al
Jefe terminar con la vergüenza de las cuevas.

En estas circunstancias, el Nini respetaba el silencio del
Ratero. Sabía que todo intento de plática con él resultaría
inútil, y no por hosquedad suya, sino porque el hecho de

pronunciar más de cuatro palabras seguidas o de enlazar
dos ideas en una sola frase le fatigaba el cerebro. El niño
bautizó Fa a la perra, aunque prefería otros nombres más
sonoros y rimbombantes, por ahorrarle fatiga al Ratero.
Tan sólo cuando el Ratero, por desentumecer la lengua,
soltaba una frase aislada, el niño correspondía:

—Esta perra está ya vieja.

—Por eso sabe.

—No tiene vientos.

—Deje. Todavía las agarra.

Luego tornaba el silencio y el quedo pespuntear de la
cellisca sobre el teso y el gemido del viento se entrevera-
ban con los chasquidos de la hoguera.

Una mañana, tres después de San Aberico, el Nini se
asomó a la cueva y divisó una diminuta figura encorvada
atravesando la Era, camino del puentecillo:

—El Antoliano —dijo.

Y se entretuvo viéndole luchar con el viento que concentraba los diminutos copos oblicuos sobre su rostro y le
obligaba a inclinar la cabeza contra la ladera. Cuando
entró en la cueva se incorporó, hinchó los pulmones y se
sacudió la pelliza con sus enormes manazas. Dijo el Ratero, sin moverse de junto al fuego:

—¿Dónde vas con la que cae?

—Vengo —dijo el Antoliano, sentándose junto a la perra,
que se incorporó y buscó un rincón oscuro, donde nadie
la molestase.

—¿Qué te trae?

El Antoliano extendió sus manos ante las llamas:

—El Justito —dijo—. Va a largarte de la cueva.

—¿Otra vez?

—En cuanto escampe subirá, ya te lo advierto.

El Ratero encogió los hombros:

—La cueva es mía —dijo.

El Justito visitaba con frecuencia a Fito Solórzano, el
Gobernador, en la ciudad, y le llamaba Jefe. Y Fito, el
Jefe, le decía:

—Justo, el día que liquides el asunto de las cuevas, avisa.

Ten en cuenta que no te dice esto Fito Solórzano, ni tu Jefe Provincial, sino el Gobernador Civil.

Fito Solórzano y Justo Fadrique se hicieron amigos en las trincheras, cuando la guerra, y ahora, cada vez que Fito Solórzano le encarecía que resolviese el enojoso asunto de las cuevas, la roncha de su frente se empequeñecía y se tornaba violácea y se diría que palpitaba, con unos latidos diminutos, como un pequeño corazón:

—Déjalo de mi mano, Jefe

De regreso, ya en el pueblo, Justito, el Alcalde, le preguntaba expectante a José Luis, el Alguacil:

—¿Qué piensas tú que quiere decirme el Jefe cuando sale con que lo de las cuevas no me lo dice Fito Solórzano, ni el Jefe Provincial, sino el Gobernador Civil?

El José Luis respondía invariablemente:

—Que te va a recompensar, eso está claro.

Mas en casa, la Columba, su mujer, le apremiaba.

—Justo —le decía—, ¿es que no vamos a salir en toda la vida de este condenado agujero?

La roncha de la frente de Justito se agrandaba y enrojecía como el cinabrio.

—¿Y qué puedo hacerle yo? —decía.

La Columba se ponía en jarras y voceaba:

—¡Desahuciar a ese desgraciado! Para eso eres la autoridad.

Pero Justito Fadrique, por instinto, detestaba la violencia. Intuía que, tarde o temprano, la violencia termina por volverse contra uno.

Por San Lesmes, sin embargo, el José Luis, el Alguacil, le brindó una oportunidad:

—La cueva esa amenaza ruina —dijo—. Si largas al Ratero es por su bien.

Volar las otras tres cuevas fue asunto sencillo. La Iluminada y el Román murieron el mismo día y el Abundio abandonó el pueblo sin dejar señas. La Sagrario, la Gitana, y el Mamés, el Mudo, se consideraron afortunados al poder cambiar su cueva por una de las casitas de la Era Vieja, con tres piezas y soleadas, que rentaba veinte duros

al mes. Pero para el tío Ratero cuatrocientos reales seguían siendo una fortuna.

Por San Severo se fue la cellisca y bajaron las nieblas.
De ordinario se trataba de una niebla inmóvil, pertinaz y
pegajosa, que poblaba la cuenca de extrañas resonancias
y que en la alta noche hacía especialmente opaco el tortu-
rado silencio de la paramera. Mas, otras veces, se la veía
caminar entre los tesos como un espectro, aligerándose y
adensándose alternativamente, y en esos casos parecía
hacerse visible la rotación de la Tierra. Bajo la niebla, las
urracas y los cuervos encorpaban, se hacían más huecos y
asequibles y se arrancaban con un graznido destemplado,
mezcla de sorpresa e irritación. El pueblo, desde la cueva,
componía una decoración huidiza, fantasmal, que, en los
crepúsculos, desaparecía eclipsado por la niebla.

Para San Andrés Corsino el tiempo despejó y los campos irrumpieron repentinamente con los cereales apunta-
dos; los trigos de un verde ralo, traslúcido, mientras las
cebadas formaban una alfombra densa, de un verde profundo. Bajo un sol aún pálido e invernal, las aves se
desperezaban sorprendidas y miraban en torno incrédulas,
antes de lanzarse al espacio. Y con ellos se desperezaron
Justito, el Alcalde, José Luis, el Alguacil, y Frutos, el
Jurado, que hacía las veces de Pregonero. Y el Nini, al
verles franquear el puentecito de tablas, tan solemnes y
envarados con trajes de ceremonia, recordó la vez que
otro grupo atrabiliario, presidido por un hombrecillo enlutado, atravesó el puentecillo para llevarse a su madre al
manicomio de la ciudad. El hombrecillo enlutado decía
con mucha prosopopeya Instituto Psiquiátrico en lugar de
manicomio, pero, de una u otra manera, la Marcela, su
madre, no recobró la razón, ni recobró sus tesos, ni recobró jamás la libertad.

El Nini les vio llegar resollando cárcava arriba, mientras el dedo pulgar de su pie derecho acariciaba mecánicamente a contrapelo a la perra enroscada a sus pies. La
visera negra de la gorra del Frutos, el Pregonero, rebrilla-
ba como si sudase. Y tan pronto se vieron todos en la

meseta de tomillos, el Justito y el José Luis se pusieron como firmes, sin levantar los ojos del suelo, y el Justito le dijo al Frutos, brusco:

—Léelo, anda.

El Frutos desenrolló un papel y leyó a trompicones el acuerdo de la Corporación de desalojar la cueva del tío Ratero por razones de seguridad. Al terminar, el Frutos miró para el Alcalde, y el Justito, sin perder la compostura, dijo:

—Ya oíste, Ratero, es la ley.

El tío Ratero escupió y se frotó una mano con otra. Les miraba uno a uno, divertido, como si todo aquello fuera una comedia.

—No me voy —dijo de pronto.

—¿Que no te vas?

—No. La cueva es mía.

La roncha de la frente de Justito, el Alcalde, se encendió súbitamente.

—He hecho público el desahucio —voceó—. Tu cueva amenaza ruina y yo soy el Alcalde y tengo atribuciones.

—¿Ruina? —dijo el Ratero.

Justito señaló el puntal y la resquebrajadura.

—Es la chimenea —agregó el Ratero.

—Ya lo sé que es la chimenea. Pero un día se desprende una tonelada de tierra y te sepulta a ti y al chico, ya ves qué cosas.

El tío Ratero sonrió estúpidamente:

—Más tendremos —dijo.

—¿Más?

—Tierra encima, digo.

El José Luis, el Alguacil, intervino:

—Ratero —dijo—. Por las buenas o por las malas, tendrás que desalojar.

El tío Ratero les miró desdeñosamente:

—¿Tú? —dijo—. ¡Ni con cinco dedos!

Al José Luis le faltaba el dedo índice de la mano derecha. El dedo se lo cercenó una vez un burro de una tarascada, pero el José Luis, lejos de amilanarse, le devolvió el mordisco y le arrancó al animal una tajada del belfo superior. En ocasiones, cuando salía la conversación donde el Malvino, aseguraba que los labios de burro, al menos en crudo, sabían a níscalos fríos y sin sal. En todo caso, el asno del José Luis se quedó de por vida con los dientes al aire como si continuamente sonriese.

Justito, el Alcalde, se impacientó:

—Mira, Ratero —dijo—. Soy el alcalde y tengo atribuciones. Por si algo faltara, he hecho público el desahucio. Así que ya lo sabes, dentro de dos semanas te vuelo la cueva como me llamo Justo. Te lo anuncio delante de dos testigos.

Por San Sabino, cuando retornó a la cueva la comisión, batía los tesos un vientecillo racheado y los trigos y las cebadas ondeaban sobre los surcos como un mar. El Frutos, el Jurado, iba en cabeza y portaba en la mano los cartuchos de dinamita y la mecha enrollada a la cintura. Al iniciar la cárcava, el Nini les envisco la perra y el Frutos se enredó en el animal y rodó hasta el camino jurando a voz en cuello. Para entonces, el Ratero había hablado ya con el Antoliano, y así que el Justito le conminó a abandonar la cueva, se puso a repetir como un disco rayado: «Por escrito, por escrito.» El Justito miró para el José Luis, que entendía algo de leyes, y el José Luis asintió y entonces se retiraron.

Al día siguiente, el Justito le pasó una comunicación al tío Ratero concediéndole otro plazo de quince días. Para San Sergio concluyó el plazo y a media mañana irrumpió de nuevo en la cueva la comisión, pero así que vocearon en la puerta, el Nini respondió desde dentro que aquella era su casa y si entraban por la fuerza tendrían que vérselas con el señor juez. El Justito miró para el José Luis y el José Luis meneó la cabeza y dijo en un murmullo: «Allanamiento en efecto es un delito.»

Al día siguiente, San Valero, ante Fito Solórzano, el Jefe, Justito casi lloraba. La mancha morada de la frente le latía como un corazón:

—No puedo con ese hombre, Jefe. Mientras él viva tendrás cueva en la provincia.

Fito Solórzano, con su prematura calva rosada y sus manos regordetas jugueteando con la escribanía, trataba de permanecer sereno. Meditó unos segundos antes de hablar, metiéndose dos dedos en los lacrimales. Al cabo, dijo con ostentosa humildad:

—Si el día de mañana queda algo de mi gestión al frente de la provincia, cosa que no es fácil, será el haber resuelto el problema de las cuevas. Tú volaste tres en tu término, Justo, ya lo sé; pero no se trata de eso ahora. Queda una cueva y mientras yo no pueda decirle al Ministerio: «Señor Ministro, no queda una sola cueva en mi provincia» es como si no hubieras hecho nada. Me comprendes, ¿no es verdad?

Justito asintió. Parecía un escolar sufriendo la reprimenda del maestro. Fito Solórzano, el Jefe, dijo de pronto.

—Un hombre que vive en una cueva y no dispone de veinte duros para casa viene a ser un vagabundo, ¿no? Tráemele, y le encierro en el Refugio de Indigentes sin más contemplaciones.

Justito adelantó tímidamente una mano:

—Aguarda, Jefe. Ese hombre no pordiosea. Tiene su oficio.

—¿Qué hace?

—Caza ratas.

—¿Es eso un oficio? ¿Para qué quiere las ratas?

—Las vende.

—¿Y quién compra ratas en tu pueblo?

—La gente. Se las come.

—¿Coméis ratas en tu pueblo?

—Son buenas, Jefe, por estas. Fritas con una pinta de vinagre son más finas que codornices.

Fito Solórzano estalló de pronto:

—¡Eso no lo puedo tolerar! Eso es un delito contra la Salubridad Pública

El Justito trataba de aplacarle:

—En la cuenca todos las comen, Jefe. Y si te pones a ver, ¿no comemos conejos? —Hizo una pausa. Luego agregó—: Una rata lo mismo, es cuestión de costumbre.

Fito Solórzano golpeó la mesa con el puño cerrado y saltaron las piezas de la escribanía:

—¿Para qué quiero Alcaldes y Jefes Locales si en vez de resolver los problemas vienen todo el tiempo a creármelos? ¡Busca tú una fórmula, Justo! ¡Coloca a ese hombre en alguna parte, haz lo que sea! ¡Pero piensa tú, tú, con tu pobre cabeza, no con la mía!

Justito reculaba hacia la puerta:

—De acuerdo, Jefe. Déjalo de mi mano

Fito Solórzano cambió repentinamente de tono y añadió cuando Justito, vuelto de espaldas, abría ya la puerta del despacho:

—Y cuando liquides este asunto, avisa. Ten en cuenta que no te dice esto Fito Solórzano ni tu Jefe Provincial, sino el Gobernador Civil.

V. PIEDRAS VENERABLES

Ortega y Gasset, con esa lucidez metafórica que le caracteriza, dejó escrito que España es esa cosa hecha por Castilla, frase brillante y simplista, que, como tal, se presta a interpretaciones y no debe ser tomada al pie de la letra. En todo caso se hace evidente que la historia de Castilla es una historia épica y laboriosa, una fuerza atractiva, aglutinadora, en la unidad del país. Este proceso, nunca sobrado pero sí suficiente, que alcanzó su apogeo en las famosas ferias de Medina del Campo, Villalón y Rioseco —la India Chica—, fue sembrando nuestra región de piedras venerables, monumentos que desde la prehistoria —los Toros de Guisando— al barroco, han ido dejando constancia del fervor, la imaginación y el esfuerzo de nuestros antepasados. Las ciudades castellanas —Ávila, Segovia, Zamora, Salamanca, Burgos, Soria, León, etc.— constituyen auténticos museos, expresiones insuperables de los más variados estilos —románico, gótico, plateresco—, pero mi pluma, más volcada al campo y poco dada al cultismo, pasó de largo sobre estas piedras, felices documentos de un pasado glorioso, si exceptuamos tal vez la ciudad de Ávila en La sombra del ciprés es alargada. *En cambio ha consignado como hitos, como si de viejas atalayas se tratase, aquellas piedras que fueron marcando su huella en el transcurso de los siglos para pasar a configurar nues-*

tro paisaje rural y darle una personal fisonomía. Así
sucede con los castillos y torres, emblemas de nuestra
región —La caza de la perdiz roja—, o la humilde
iglesia, románica, aún erguida entre las ruinas de un
pueblo sin vida —Las guerras de nuestros antepasa-
dos— y, particularmente, con carácter de auténtico
protagonismo, con la pequeña ermita prerrománica
que se yergue airosamente sobre el teso, dominando
la aldea perdida en las estribaciones serranas del
norte de la región en El disputado voto del señor
Cayo. *Recordemos este pasaje en el que piedras, plan-*
tas y animales, se conjugan y confunden para formar
un todo armónico.

Las chovas, cada vez más inquietas, graznaban desde
las concavidades y cornisas de los farallones. Sobre los
tolmos, planeaba ahora, describiendo círculos incesantes,
una baribañuela. Dijo Víctor, de pronto:

—Vamos a la ermita, ¿le parece? Se nos va a ir la luz.

El señor Cayo pareció volver de otro mundo:

—Es cierto —dijo—, lo había olvidado.

Se dirigió hacia una trocha bajo las hayas, en la trasera
del templo, pero en el momento de iniciar la subida, sonó
la llamada doméstica, casi humana, del cuco por encima
de su cabeza. El señor Cayo se volvió hacia ellos, una
sonrisa maliciosa en sus labios:

—¿Le sintieron cómo reclama?

—¿Quién reclama?

—El cuclillo, ¿no le sintió?

Bajó la voz para añadir en tono confidencial:

—Es pájaro de mala ralea ese.

El cuclillo repitió la llamada —cú-cú— mientras Laly
trataba inútilmente de localizarle entre la fronda de las
hayas. Preguntó:

—Y, ¿por qué es pájaro de mala ralea el cuclillo?

Las pupilas del señor Cayo se avivaron:

—¿Ese? Ese pone los huevos en nido ajeno, donde los

pájaros más chicos que él, para que le saquen los pollos adelante.

Víctor rió:

—Como algunos hombres.

—Eso.

—Los amos y los jefes.

—Eso.

La mirada fluctuante del señor Cayo quedó prendida de repente de las barbas oscuras, severas, de Víctor. Dudó un momento. Apuntó, al fin, tímidamente:

—Pero usted es jefe, ¿no?

—¿Yo? De ninguna manera, señor Cayo.

—Pero va para jefe, ¿no?

Víctor se turbó:

—No..., no es exactamente eso.

Laly le miraba divertida. Añadió Víctor:

—En realidad yo voy para diputado.

El señor Cayo se rascó el cogote:

—Y esos, ¿no son jefes?

Víctor bajó la voz, como si intentara hurtar sus palabras a los oídos de sus compañeros. Dijo:

—En cierto modo, entiéndame, un diputado es un hombre elegido por el pueblo para representar al pueblo.

—Ya —dijo el señor Cayo.

Rafa rió burlonamente.

—No has estado como muy convincente, macho —dijo.

Víctor levantó los hombros:

—¿Qué hubieras dicho tú?

—Yo paso de eso —respondió Rafa sin cesar de reír. Terció el señor Cayo desde el arranque de la trocha:

—¿Quieren ustedes ver la ermita o no?

—Claro, la ermita —dijo Víctor.

Subieron en fila india por el sendero, entre los brezos florecidos. El señor Cayo trepaba ligero, sin esfuerzo aparente, flexionando la cintura, la cabeza entre los hombros. Rafa lo hacía penosamente, en último lugar, aferrándose a cada paso los muslos con las manos, como si quisiera apuntalarlos. En el tozal, sobre el precipicio, se alzaba la tapia del pequeño camposanto de la que sobresalían cuatro negros y esbeltos cipreses y, contigua, en la explanada, estaba la ermita. Víctor se aproximó a ella pausadamente, como deslumbrado:

—Coño, coño, coño... —murmuró.

—Románico —dijo Laly, tras él.

—O pre —sugirió Víctor.

El señor Cayo se llegó a ellos. Dijo con orgullo:

—Ahí donde la ven, mil años tiene esta ermita.

—O quizá más —dijo Víctor.

Dio media vuelta el señor Cayo y oteó el cielo, hacia el oeste, un negro nubarrón asentado sobre las lejanas cumbres nevadas:

—Apuren —dijo—. Miren la que se está preparando.

Laly y Víctor contemplaban arrobados la portada, el juego caprichoso de las grecas de las arquivoltas sostenidas por unas ligeras columnas de capiteles primorosamente trabajados. Víctor señaló con el índice el Pantocrátor, sobre el dintel:

—¿Te fijas?

—Ya —dijo Laly.

Él se aproximó al pórtico y observó atentamente la larga serie de relieves bíblicos de las arquivoltas:

—Atiende —dijo—. Mira qué Degollación.

A Laly se le iluminaron los ojos:

—Es la repera —dijo reverentemente.

—¡Coño, qué sentido de la composición tenían los tíos!

El señor Cayo, inmóvil tras ellos, seguía escrutando el horizonte, de donde llegó, ahora, un ligero, sordo, retumbo, apenas audible:

—Ya está rutando la nube —dijo.

—Y eso, ¿qué quiere decir? —preguntó Rafa.

—Agua —dijo lacónicamente el señor Cayo.

A Rafa le entró el apremio. Se adelantó hasta Laly y Víctor:

—¿Oís? Va a llover.

Pero no le oían. Rafa agarró por un brazo a Laly y la zarandeó:

—¡Joder, estás alucinada, tía! ¿Tanto te gustan las piedras?

—Todo —dijo Laly.

—Pues abrevia, coño, va a caer agua a punta de pala.

Víctor forcejeó con el portón en vano. Alzó la voz:

—¿Tiene usted la llave, señor Cayo?

—Natural —se acercó a la puerta—. Aquí no hay más portero que yo.

La ermita, apenas iluminada por dos sórdidas rendijas en los costados, producía una impresión de frío y humedad. Laly y Víctor avanzaban despacio por el pasillo central, entre los escañiles negros, desvencijados. Cada poco tiempo se detenían y miraban fascinados a lo alto, al frente, a los costados. Ante el ábside, Víctor levantó la cabeza.

—Arquerías ciegas —dijo—. Me lo imaginaba.

Laly asintió; contemplaba las aristas de la bóveda cuando les alcanzó la voz perentoria, impaciente, de Rafa, desde la puerta:

—No seáis coñazos, joder. Está tronando ya.

Regresaron sobre sus pasos sin apresurarse y ante la portada se detuvieron de nuevo. Laly miró a lo alto, a los canecillos del tejado:

—Mira, el tercero de la izquierda —dijo—: están en plena cópula.

—Bueno —dijo Víctor señalando con el mentón el cementerio—: Eros y Tánatos. Eso es frecuente en la época.

De súbito vibró un relámpago en el aire y, casi simultáneamente, tableteó el trueno sobre ellos y comenzaron a caer unas gotas espaciadas pero gruesas, prietas, que reventaban sordamente contra el suelo.

—Vámonos, tú —dijo Laly.

Oscurecía. La luz era tan difusa que, por un momento, pareció que iba a hacerse de noche. Antes de llegar a la cambera, la lluvia se formalizó. Rafa les precedía a buen paso y, al alcanzar la revuelta, voló alborotadamente un pájaro negro entre el follaje de un avellano. Rafa dio un respingo:

—¡Joder, me ha asustado la chova esa de los cojones!
—dijo.

El señor Cayo, tras él, sentenció circunspecto:

—No era una chova, eso; era una mirlo.

La lluvia arreciaba y, progresiva, insensiblemente, se
convirtió en un violento aguacero, mezclado con granizos.
El grupo descendía apresuradamente por la cambera,
mientras el cielo se rasgaba a intervalos en relámpagos
vivísimos y los truenos rebotaban ensordecedoramente
contra las anfractuosidades de los cantiles. El señor Cayo
se ajustó la boina, ocultó las manos en los bolsillos de los
pantalones, apresuró el paso y dijo:

—Me parece que nos vamos a mojar.

VI.   DOS MUNDOS

*Refiriéndose al campesino soriano, Antonio Ma-
chado afirma en uno de sus versos que* desprecia
cuanto ignora, *afirmación incontestable, cuya contrapartida es el desdén de la clase burguesa —y aun
intelectual— ante el quehacer campesino y la cultura
de la tierra. En mi novela* El disputado voto del
señor Cayo, *he expuesto este problema desde las dos
variantes: la del intelectual —doblado en político— que
desconoce absolutamente el medio rural y la del labriego —sin desdoblar— para quien el mundo intelectual constituye un mundo críptico, impenetrable. Entiendo que en Castilla, esta desconexión es un hecho
paladino. El ser urbano, ganado por la fiebre y los
apremios de la ciudad, desconoce la realidad del campo, no distingue el trigo de la cebada ni un barbecho
de un rastrojo, mientras el pueblerino no es capaz
siquiera de imaginar qué significa un cine-club, un
ateneo, o una sala de cultura. Obviamente, ellos no
son los responsables de este estado de cosas sino sus
víctimas. Un abandono de siglos, ha provocado la
marginación de los pueblos de Castilla, perdidos entre
los surcos como barcos a la deriva. Esto origina en el
hombre rural, antes que desprecio hacia las clases
letradas, una especie de resentimiento, aunque en el
fondo lata una admiración soterrada hacia ellas,
alentada por el convencimiento de que su acceso al*

mundo de la ilustración —al somero mundo de la
ilustración del abecedario y las cuatro reglas— le libe-
rarían de la servidumbre a que aludíamos dos capítu-
los más arriba. Este anhelo de elevarse, de dignificar-
se, de redimirse intelectualmente, se hizo más relevan-
te —en algunos casos casi patético— en Castilla la
Vieja, en la década de los 60, con motivo del fenóme-
no de la emigración del pueblo a la ciudad donde
exigían unos mínimos conocimientos. Creo que en
todo tiempo, sin embargo, el campesino ha admirado
al escribano, al hombre letrado, aunque rebozara su
admiración en una actitud desdeñosa, de aparente
menosprecio. La Desi, la muchacha analfabeta, de La
Hoja Roja, *trasladada del medio rural para servir en*
la ciudad a un viejo jubilado, totalmente desprovista
de doblez, traiciona esta postura despectiva de auto-
defensa y deja traslucir aquel anhelo de ilustración
siempre insatisfecho:

Mientras el viejo Eloy escribía a Leoncito, el chico, en
la mesa de la sala, la Desi, la muchacha, con el escobón y
la bayeta de la mano, contemplaba extasiada por encima
de su hombro cómo la pluma garrapateaba sobre el papel.
La tinta fluía sumisamente sobre el pliego y ella, la muchacha, fruncía los párpados, como si el sol la deslumbra-
se, en un esfuerzo por descifrar aquellos caracteres. Desde
niña, las letras la fascinaron. La maravillaba la extraña
capacidad del hombre para atrapar las palabras y fijarlas
indefinidamente en un papel, con la misma facilidad que
don Fidel, el maestro, allá en el pueblo, arrancaba una flor
y la prensaba entre las páginas de un libro.

A poco de llegar, la chica le dijo al viejo: «Daría dos
dedos de la mano por aprender a leer, ya ve.» Entonces el
señorito rompió a reír y dijo: «Hija, eso no cuesta dinero.»
Y se puso a la tarea. Pero la muchacha era roma y de lento
discurso y necesitó un año y cinco meses y siete días para
dominar el abecedario sin una vacilación. Y una tarde, de
pronto, el endiablado mundo de las letras, que ella consi-

deraba definitivamente sometido, se amplió hasta lo inverosímil. Le preguntó recelosa: «¿Es cierto que esto también es una eme, señorito?» «Claro, Desi —respondió pacientemente el viejo—. La eme mayúscula.» «¿Cómo dijo?», inquirió la chica. «Ma-yús-cu-la, hija», repitió el viejo. La muchacha se enojó como si la hubieran jugado una mala pasada: «¿Y eso qué es, si puede saberse?» Y el señorito la explicó que las mayúsculas eran algo así como los trajes de fiesta de las letras, pero la Desi, la muchacha, porfió que para qué demontre requerían las letras trajes de fiesta y él respondió que para escribir palabras importantes como, por ejemplo, «Desi» y, ante esto, la chica se palmeó el muslo sonoramente, como cada vez que reía recio, y dijo: «No empiece usted con sus pitorreos.» Pero estaba decidida a leer o morir en el empeño y en los últimos dos meses, el señorito consiguió que deletrease los gruesos y entintados titulares del diario.

Cada tarde la decía: «¿Qué dice aquí, hija?» Ella adelantaba su cerril rostro enrojecido, se mordía la punta de la lengua y, finalmente, sus agrietados labios balbucían: «Fran-co-vi-si-ta-un-sal-to-de-a-gua-en-Lé-ri-da.» Le miraba arrogante y jactanciosa, como si acabara de ejecutar una acción heroica, pero el viejo no la daba tregua para evitar que se enfriase: «¿Y aquí, hija? ¿Qué dice aquí?» La chica bajaba la vista. Enrojecía. Se arrancaba, al cabo, tras una breve vacilación: «Los-ni-e-tos-del-Ca-u-di-llo-pa-sa-dos-por-el-man-to-de-la-Vir-gen-del-Pi-lar.» Al concluir, alzaba de golpe la negra cabeza y soltaba una risotada: «¡Ay, madre, si la Silvina me viera!», decía.

Durante los últimos días, el viejo Eloy, al comprobar los progresos de la muchacha, la inició en los palotes. La chica engarfiaba los bastos dedos sobre el palillero y escribía con pulso débil y tembloteante. Aconsejaba el viejo: «Tira el palo de un trazo, hija.» Ella sacudía la cabeza con encono: «¿Se puede saber con qué se come eso?» «¿Cuál, hija?», inquiría él. Ella se enardecía: «¡Concho, cuál!... Lo que acaba de decir.» El viejo la explicaba pacientemente y la muchacha se reclinaba de nuevo sobre el papel, mordiéndose la lengua, comprometiendo en su quehacer los cinco sentidos.

Dos semanas atrás le brotó a la Desi una friera en la articulación del dedo índice y apenas podía valerse. Fue entonces cuando el viejo descubrió que estaba mal visto que una chica de servicio usase guantes, que los guantes, como la cartera y los zapatos de tacón, se reservaban para las señoritas y las fulanas. A pesar de todo insistió: «No puedes valerte con esos dedos, hija.» Pero la Desi cerró la discusión sin contemplaciones: «Aviada iba una si el jornal fuese para eso», dijo.

Ahora, la Desi observaba embobada por encima de su hombro la docta caligrafía del viejo. Dijo, de súbito, cruzando levemente los ojos:

—Daría dos dedos de la mano por escribir como usted, ya ve.

—¿Ah, eres tú, hija? —extendió la mano sobre los papeles y la alargó el recorte.

La chica analizó detenidamente el grabado. Había pocas cosas que tuvieran para ella tanto sentido como una fotografía:

—¡Vaya! —dijo al fin—. Bien majo le han sacado a usted, ¿no es cierto?

—Es para el chico —dijo él a modo de aclaración. Y añadió—: Ese que está a mi lado es el señor Alcalde.

—¿Este fuerte que chupa del puro?

—Ese.

Soltó una risotada la Desi y se palmeó el muslo:

—No dirá que está de mal año.

Luego, el viejo la leyó la letra menuda y la enseñó la medalla. Notaba en esta comunicación un raro alivio. Había pasado la noche desazonado, no sabía a punto fijo si soñando o pensando, pero en torno suyo se movían las borrosas figuras de Pepe Vázquez, Goyito, su hijo menor, y Lucita, su mujer. Después se le representaron los papeles. Fue un cruel ensañamiento el suyo. Los impresos que rellenara durante más de cincuenta años brotaban relevantes de la oscuridad, lo mismo que las siluetas de Galán y

García Hernández que circularon en 1934 por la oficina y que se reproducían en el cielo o en la pared después de contar hasta veinte sin cesar de mirarles la punta de la nariz. Y los impresos decían: «SERVICIO DE LIMPIEZA: Mañana... Salió del Parque... Llegó al primer puesto... Salió del último... Portes de basura al vertedero... etcétera»; o bien: «PARTE DE TRABAJO correspondiente al día... Barrido... Riego... etc.»; o bien: «INFORME... El que suscribe, capataz de la zona... Debe informar a usted... etc., etcétera.»

Al despertar le tiraban las sienes y le dolía la cabeza. Comprobó si se le había aflojado la faja, pues solía soñar cuando se le enfriaba el estómago, pero la faja, en contra de lo que esperaba, estaba en su sitio. Hacía más de un año que dormía con ella y los calcetines puestos. La costumbre empezó al presentársele el dilema de qué prenda debía quitarse primero para no enfriarse; si se desprendía de los calcetines se resfriaba los pies; si de la faja, se resfriaba el vientre. Entonces decidió dormir con la faja y los calcetines puestos, e Isaías, su amigo, le dio la razón y le dijo que uno se enfría no cuando hace frío sino cuando teme que va a enfriarse porque el enfriamiento no era problema de temperatura sino, como todas las cosas, problema de sugestión.

El viejo Eloy, al verse perdido en la sala en la primera mañana de jubilado, pensó en Isaías. También pensó que el frío nacía en sus huesos y aunque trató de mitigarle colocando los pies en la débil franja dorada que se filtraba entre los visillos y, más tarde, al marchar el sol, enfundándolos en una vieja bufanda, todo resultó inútil. Por si fuera poco tampoco su cabeza lograba reaccionar. De joven soñó con la jubilación y ahora, de jubilado, soñaba con la juventud. El tiempo le sobraba de todas partes como unas ropas demasiado holgadas e imaginó que tal vez sus paseos vespertinos con Isaías terminarían por ceñir las horas a su medida.

Pero los primeros paseos con Isaías después del homenaje tampoco resolvieron nada. De un tiempo a esta parte

Isaías se volvía egoísta y tan sólo pensaba en rebasar los ciento y en su vientre perezoso y en las muchachitas que cruzaban su campo visual. El viejo Eloy le confió la primera tarde: «¿Sabes, Isa? Me ha salido la hoja roja en el librillo de papel de fumar», pero Isaías no le hizo caso y le mostró, apuntándola impertinentemente con el bastón, una muchacha que taconeaba a su lado. Dijo: «Atiende, atiende, ¡vaya ejemplar! No había de estos en nuestra época.» Al viejo Eloy se le iluminaron tenuemente los ojos y dijo dolido: «La Paquita Ordóñez no era nadie, claro.» «¡Ah, bueno», dijo Isaías y, sin cesar de mirar a la muchacha, dibujó a la Paquita Ordóñez en el aire con la cantera de su bastón. El viejo Eloy volvió a la carga y le apuntó que Pepín Vázquez bebía los vientos por la Paquita Ordóñez y que recordara que Pepín Vázquez decía en 1930 que la jubilación era la antesala de la muerte, pero Isaías sonrió ostentosamente, mostrando sus tres dientes de oro, y dijo que Pepín Vázquez fue toda su vida un neurótico y que recordara él, a su vez, que, en sus depresiones, Vázquez migaba coco en el estanque del parque para envenenar a los peces de colores.

El viejo Eloy regresó insatisfecho, transido de un frío extraño. En las tardes siguientes no encontró en Isaías mayor apoyo. Isaías sonreía siempre porque no se consideraba viejo y decía fustigando el aire con su bastoncito: «Andando poquito a poco.» Pero jamás descendía donde el viejo Eloy quería que descendiese. Por las mañanas el viejo Eloy tampoco conseguía equilibrarse. Tras la carta a Leoncito comprendió que nada le quedaba por hacer en la vida. Pasó tres días ordenando anacrónicas fotografías y pegándolas en un viejo álbum. Era una tarea lenta porque en torno a cada retrato, el viejo Eloy recomponía prolijos recuerdos. De vez en cuando se interrumpía y se pasaba el pañuelo por la punta de la nariz. Hacía frío o le criaba él, lo cierto es que el poco sol de la ventana o la bufanda arrebujada a sus pies no le servían de nada. De vez en cuando se llegaba a la cocina para dar una orden a la Desi y, en esos casos, la vaharada cálida de la pieza le reconfortaba. También le reconfortaba la voz llena de la muchacha, su avidez por aprender cosas elementales.

Al viejo Eloy no se le ocultaba que la Desi era una buena chica, aunque, como cada hijo de vecino, también tuviera sus rarezas. La Desi, por ejemplo, ofrecía al buen tuntún dos dedos de la mano derecha por aprender a escribir, siendo así que con tres dedos le sería mucho más difícil conseguir lo que no pudo lograr con cinco. Esto era una simpleza, como lo era, asimismo, imaginar que los guantes no eran prenda apropiada para una chica de servicio; que los guantes, como los zapatos de tacón y la cartera, sólo estaban bien vistos en las señoritas y las fulanas. Esta era otra rareza, como lo era igualmente su manía de llenarse la cabeza de pinzas los miércoles y los sábados o la de tratarse el oído lastimado a sopapo limpio. Pero el viejo Eloy la disculpaba. No ignoraba que había otras chicas que rinden más pero no faltaban las que rinden menos y, por añadidura, carecían de la brusquedad protectora, y de la buena conformidad de la Desi.

Dos años atrás el viejo Eloy pasó tres malos meses. El servicio doméstico andaba en baja y su casa no era golosa porque no ofrecía porvenir. Al fin, una mañana se presentó la Desi con el rostro congestionado, los cabellos adheridos a la frente, formando cuerpo con sus cejas, vacilando a compás de la maleta y le preguntó si era allí donde necesitaban chica y que la Marce daba la cara por ella. «¿La Marce?», preguntó el viejo. «La del tercero —dijo la chica—. Lleva tres años en la casa y es de fiar.» El viejo la invitó a pasar y la Desi se agachó para tomar la maleta, pero recordó de repente las instrucciones de la Marce y se incorporó y le preguntó a bocajarro por el jornal y las salidas. El viejo Eloy se desconcertó y aunque pensaba dar treinta duros, la dijo: «¿Qué le parecen, hija, treinta y cinco duros y mantenida? Tocante a salidas aquí se acostumbra los jueves y los domingos, pero si usted necesita otro día, por eso no vamos a regañar.» La muchacha esbozó una sonrisa cerril y frunció luego la frente y, finalmente, volvió a sonreír y dijo que bastaba porque, aunque la estuviera mal el decirlo, ella no suspiraba por la calle ni era bailona. Así llegaron a un acuerdo el viejo y la muchacha. Después la chica se mostró dócil y servicial y en premio a su disposición y a su buena voluntad el señorito la subió cinco duros para mayo haría un año.

La revisión de las viejas fotografías no satisfizo al viejo como había imaginado. La sala, por otra parte, era demasiado amplia y destartalada y el frío le mordía los pies. Había momentos en que el viejo Eloy se sentía como entumecido por dentro y por fuera, incapaz de pensar o de tomar una decisión. En esos casos veía abrirse ante sus ojos un abismo y había de sujetarse el estómago con ambos brazos para dominar el vértigo. Empezó a desconfiar de sí y una mañana, siete días después de su despedida, con la disculpa de mostrarle a la Desi una fotografía de Goyito vestido de marinero, se presentó en la cocina y la chica preguntó si era el difunto, y él asintió, y ella agregó que la Virgen lo tuviera en gloria y que se le daba un aire, y él respondió que era la primera vez que oía eso y que Goyito era un trasto de cuidado y que no había diablura que no se le ocurriera a él. Al llegar a este punto arrimó el taburete al fuego, se sentó en él y tomó posesión de la cocina.

Al principio, la chica le extrañaba. Decía desabridamente: «Venga, ahueque.» O, si acaso: «Usted siempre en medio como el miércoles.» O, si acaso: «¿Se puede saber qué se le ha perdido a usted aquí?» Pero el señorito se hacía el roncero y la muchacha terminó por habituarse, de forma que a los tres días no hubiera acertado a desenvolverse sin el viejo allí a su lado controlando cada uno de sus movimientos.

Por la mañana, al presentarse en la cocina, preguntaba el viejo invariablemente:

—¿Llamó el cartero, hija?

—Ya va para rato.

—¿Y nada?

—Nada.

Se sentaba junto al fogón y observaba en silencio los

desplazamientos de la muchacha. Un día la Desi le oyó murmurar entre dientes: «Estará muy ocupado; es mala época esta.»

Dijo entonces la Desi:

—¿De quién está hablando si no es mala pregunta?

—Del chico.

—Siempre anda ocupado su hijo.

—A ver, Desi. Es notario en Madrid.

Le enfocó la chica sus romas pupilas anhelantes:

—¿Y eso qué es?

Él trató de ilustrarla pero la chica desistió de comprenderle. Dijo:

—En Madrid anda la Alfonsina, mi hermana. También es casualidad.

Charlaban amigablemente pero el señorito rara vez ponía interés. A la Desi le dolía, de un tiempo a esta parte, su pasividad. El viejo había de meterse dentro del fuego para reaccionar. Le decía la chica: «¡Otra!, es usted más friolero que un gato agostizo.» Él asentía sin palabras. Una mañana, tratando de complacerle, la Desi abrió el tiro pero él saltó como si le hubieran pinchado:

—Cierra, hija, el carbón se va sin sentirlo.

—¡Será capaz! —dijo la Desi—. ¿Es que le quitan el jornal al dejarle cesante?

—En un buen porcentaje, sí.

La chica levantó los hombros malhumorada:

—¿Y eso con qué se come?

—Si antes me daban como ciento ahora me darán como setenta y cinco, eso es.

—¿De duros?

—O de pesetas.

—¿Tanto da duros como pesetas, señorito?

—Entiéndeme, Desi, para explicar lo que es un porcentaje, sí.

—¿Un porcen...? ¿Cómo dijo? ¡También tiene usted cada cacho salida! —dijo ella riendo y golpeándose el muslo con ardor.

El viejo, sentado en el taburete, envuelto en su ajado batín gris, terminaba por enojarse:

—No quieras aprender todo de una vez, hija.

Desde el cese, el señorito estaba como ensimismado. La chica constataba su ensimismamiento en que el viejo no sentía formársele la moquita en la punta de la nariz y ella había de advertirle con frecuencia: «Señorito, el pañuelo.» Él, entonces, musitaba un «gracias» inaudible y se limpiaba mecánicamente, un poco azorado. Había veces en que la Desi había de repetírselo tres veces para que él se diese cuenta. Mas a pesar de su ensimismamiento, la Desi, a estas alturas, no temía ya que el señorito se chalase como el Apolinar, el primo del Eutropio, su cuñado. Lo había temido diez días atrás, cuando el viejo balbució una noche, con mirada absorta, algo de una hoja roja y un librillo de papel de fumar. La Desi se agitó toda y voceó:

—¡Señorito! ¿Está usted bien?

Él pareció volver en sí.

—Bien, Desi. ¿Por qué voceas así? No soy sordo.

La chica respiró fuerte. Por un momento temió que le aconteciera como al Apolinar. Uno y otro tenían el mismo mirar un si es no es abstraído y amenazante. Así empezó el Apolinar y una noche, al llegar a casa, le dijo a su madre: «Madre, la yegua baya a poco me muerde.» A la señora Visi, al verle el mirar, la entró la temblequera: «¿Qué yegua, hijo?», dijo. «Cuál ha de ser, madre, la baya; la que está en la cuadra», respondió él. Pero la señora Visi no tenía ninguna yegua ni ninguna cuadra sino solamente un pollino escuálido y seis pares de conejos. Sin embargo, le llevó la corriente: «Algo la habrás hecho, hijo, el animal es muy dócil.» Él prosiguió: «Darle el pienso como cada noche, madre, se lo juro. ¿Qué otra cosa iba a hacerle?» La señora Visi se llegó a la puerta y llamó. Al día siguiente recluyeron al Apolinar. En el pueblo aseguraban que se había trastornado porque el campo le asfixiaba y en la ciudad no le salía ninguna proporción.

Pero lo del señorito había pasado sin más. En los últimos siete días no la volvió a mirar de aquella alterada manera, ni a decir entre dientes cosas sin sentido. De otro lado, la Desi ignoraba que el viejo lo único que ambicionaba era calor. Desde niño el viejo Eloy buscaba instintivamente el calor y desde niño, empujado por un sino tortuoso, se había visto obligado a cambiar de calor como de camisa.

VII. FILOSOFÍA SOCARRONA

La ciencia de la tierra, de los animales, de las plantas, de las mudanzas atmosféricas, es, en rigor, la única sabiduría de los hombres del campo. Sabiduría limitada pero rigurosa y profunda. El amor a la tierra, no tanto en cuanto patria, que esta es cuestión que trataremos después, sino como sustento, como soporte de su precaria subsistencia, se acentúa en Castilla precisamente por mor de la ingratitud de aquella, de su versatilidad. Es el eterno problema del amor no correspondido o insuficientemente correspondido. El viejo Cayo, protagonista de mi novela El disputado voto del señor Cayo, deslumbra a Víctor y Laly, los dos presuntos diputados que acuden a visitarle con fines electorales, con sus conocimientos de la vida rural. El señor Cayo puede muy bien ser considerado como el arquetipo del campesino castellano que conoce y ama a su tierra, un ser primario, lacónico, llano, muy suyo, pero cuyos movimientos van ineluctablemente presididos por el signo de la eficacia. El señor Cayo sabe lo que es y lo que quiere y, al propio tiempo, tiene una clara conciencia de sus límites. Hombre íntegro apegado a su medio y a sus costumbres, desprecia lo inventado, y todo aquello que se aparta de su reducido círculo vital. Indiferente a las grandes conquistas técnicas del siglo —alejadas, por otra parte, de sus posibilidades— vive la vida en un régimen de estricto ayuntamiento con la tierra, como podría hacerlo un campesino de tres siglos atrás. Esta forma de entender la vida, de alta calidad humana aunque sobria y sacrificada, apenas se practica ya en las comarcas más adustas de la meseta y desaparecerá, sin duda, con los señores Cayos que aún perviven, puesto que las nuevas generaciones, hechas a la televisión, la radio, y el automóvil, derivarán —están derivando ya— hacia otros derroteros, más amplios, es cierto, aunque menos naturales y auténticos. Entre estos personajes, supervivientes de una civilización milenaria, aún se encuentran ejemplares de rara expresividad, filósofos rudimentarios y socarrones, dispuestos a exponer sus puntos de vista sobre la vida, los hombres y las cosas, tan pronto su interlocutor se lo proponga. Esta socarronería no es fruto de la ingenuidad sino nacida de una experiencia que le ha desvelado lo que hay detrás de las cosas (que estas no son siempre lo que aparentan) y que le lleva a reírse de las situaciones difíciles y aun de sus propias deficiencias sin caer por ello en el cinismo. En el fondo, esta actitud, tal vez sea el refugio de una esperanza que no se atreve a manifestar

Estos viejos campesinos no tienen prisa —no la tienen la tierra ni el sol— ni tampoco la locuacidad y mímica desbordadas del campesino andaluz, pongo por caso, antes bien se muestran controlados, si que observadores y perspicaces y, una vez vencida su reserva, divagarán sobre lo divino y lo humano con agudeza y discreción, con una propiedad de lenguaje que para sí quisieran muchos que se denominan intelectuales, aun dentro de la elementalidad de su discurso.

Como muestra de este ejemplar humano, desgraciadamente en decadencia, traigo a estas páginas a Juan Gualberto, el Barbas, un cazador furtivo asilvestrado y montaraz, sin pelos en la lengua, protagonista de mi relato breve La caza de la perdiz roja, en *diálogo con* el Cazador, *al fin y al cabo, un hombre urbano:*

Allá por el año 20, el Juan Gualberto era un hombre libre, tras un animal libre, sobre una tierra libre. Aún no había subido la munición y el Juan Gualberto compraba cartuchos de pólvora con humo que eran más económicos. Por entonces, el Juan Gualberto no había oído hablar del ojeo. Por entonces, para comer peces todavía era necesario mojarse el culo. Pero aquellos tiempos quedan muy lejos.

—Antaño las perdices se cazaban con las piernas, ¿es cierto esto, jefe, o no es cierto?

—Cierto, Barbas.

—Hoy basta con aguardar.

—Así es.

—¿Y sabe quién tuvo la culpa de todo?

—¿Quién, Barbas?

—Las máquinas.

—¿Las máquinas?

—Atienda, jefe, las máquinas nos han acostumbrado a tener lo que queremos en el momento en que lo queremos. Los hombres ya no sabemos aguardar.

—Puede ser.

—¿Puede ser? El hombre de hoy ni espera, ni suda. No sabe aguardar ni sabe sudar. ¿Por qué cree usted que va hoy tanta gente al fútbol ese?

El cazador se encoge de hombros.

—Porque en la pradera hay veintidós muchachos que sudan por ellos. El que los ve, con el cigarro en la boca, se piensa que también él hace un ejercicio saludable. ¿Es cierto o no es cierto?

—No lo sé, Barbas.

El Juan Gualberto consiguió su primera escopeta cuando era aún un rapaz. Se la cambió al Cirilo, el Sacristán, por un reloj de bolsillo que se paraba cada dos horas. A los veinte minutos del trueque, el Juan Gualberto, que era aún un rapaz, se llegó donde el Cirilo y le dijo para cubrirse: «Cirilo, para que no me viera mi madre con la escopeta la tiré por encima de las bardas del corral y con el golpe se ha marrotado toda.» El Cirilo, el Sacristán, rompió a reír. «Peor para ti —le dijo—. Nadie te mandó ser tan bruto.» Pero al día siguiente, el Cirilo buscó al Juan Gualberto y le dijo: «Oye, tú, ¿sabes que tu reloj se para cada dos horas?» El Juan Gualberto puso cara de inocente. «Bueno —dijo—. Al fin y al cabo ahora estamos iguales.»

El Juan Gualberto se enmaraña las barbas con sus dedos nerviosos. Añade:

—Los hombres de hoy ni saben aguardar ni saben sudar, se lo digo yo. Por eso se inventaron el ojeo. Antes la perdiz se cazaba con las narices del perro y las piernas del cazador. Sólo ahora se matan con escopeta. Pero yo digo, jefe, cuando el hombre tiene que esconderse para hacer una cosa, es que esa cosa que hace no está bien hecha.

La nava se incendia con el último sol de noviembre y la sombra negra del Castillo gatea por el sembrado y alcanza ya casi las faldas peladas de los cerros de enfrente. El sol muerde la línea de las colinas y parece ensancharse e inflamarse. El Barbas apunta el inmenso globo incandescente con su dedo grande y áspero.

—Se hincha cuando se acuesta, como las gallinas.

—Sí.

El Juan Gualberto se pasa los dedos por las barbas, y se rasca con un ruido como de rastrojos hollados:

—Desengáñese —dice—, los hombres de hoy ya no tienen paciencia. Si quieren ir a América agarran el avión y se plantan en América en menos tiempo del que yo tardo en aparejar el macho para ir a Villagina. Y yo digo, si van con estas prisas, ¿cómo coños van a tener paciencia para buscar la perdiz, levantarla, cansarla y matarla luego, después de comerse un taco tranquilamente a la abrigada charlando de esto y de lo otro? Y no es aquello de que lo hagan los señoritos. Los señoritos empezaron con ello pero el mal ejemplo cunde, y hoy, como yo digo, todo cristo caza al ojeo. Luego le vendrán a usted con que no se matan más perdices al ojeo que cazando a rabo. ¡Mentira podrida! Precisamente anteanoche, me leía don Ctesifonte, el Maestro, una entrevista con uno de esos señorones de postín, que se ufanaba de haber cobrado quinientas perdices en una sola cacería. ¿Cree usted que ese señor moviendo las pantorrillas y con el perro al lado puede hacer una carnicería semejante en una ladera que yo me sé?

—No es fácil, Barbas.

—Bueno, pues don Ctesifonte dale con que a esos señores que nos visitan, políticos o lo que sean, hay que entretenerles de alguna manera. Pero lo que yo me digo, si lo que esos señores quieren es matar el rato, que les suelten cuatro pichones en una pradera y todos contentos.

El morral de Juan Gualberto, deshinchado como un globo deshinchado, ofrece un aspecto desolador.

—Y lo que pasa. Liebres no quedan, ¿de qué? Y de las perdices no se fíe usted mucho. Ya ve, sin ir más lejos, en Villagina, el año pasado. De que se abre la veda, se planta allí un autobús con treinta escopetas: veinte adelante y diez de retranca. Bien. Van y contratan veinte mozos del pueblo. Ojeo va, ojeo viene, las que no mataban los unos, las mataban los otros. ¿Qué cree usted que quedó allí al cabo de tres días? Si levanto los cinco dedos de la mano tenga usted por seguro que exagero. Y luego los extranjeros esos. ¿Sabía usted, jefe, que ahora a los extranjeros les da por venir a divertirse a España matando nuestras perdices?

—Necesitamos divisas, Barbas.

La frente del Juan Gualberto se pliega como el fuelle de un acordeón, como su morral, como la nava abajo ya medio adormecida.

—Déjese de coplas. Por lo que dice don Ctesifonte, la vida de España para los únicos que está cara es para los españoles. ¿No es hora de que la pongamos también cara para los extranjeros esos que vienen por nuestras perdices? Y si no, vea usted mismo lo que pasó con los toros.

—¿Qué paso con los toros, Barbas?

—No se haga de nuevas. Los extranjeros esos se metieron en las plazas de toros por ver cómo nos divertíamos los españoles. Sólo por eso. Pero todo les chocaba tanto que a los españoles que aún iban a los toros les divertía más que la fiesta ver las caras que ponían los turistas esos. Y como ellos venían con la bolsa bien repleta, pues nada, que los toros empezaron a subir de precio y se pusieron por las nubes. Y un día los extranjeros esos dijeron: «Bueno, ya está; ya sabemos cómo se divierten los españoles.» Y dejaron de ir a la plaza. ¿Y qué cree usted que pasó entonces?

—¿Qué, Barbas?

—Pues pasó que los precios ya no bajaron. Pero los españoles no podíamos subir a los precios. Y las plazas, pues eso, se quedan, desde entonces, medio vacías.

El Juan Gualberto hace una pausa. Mecánicamente se acaricia la barba y tiende la mirada por la nava oscurecida. En el páramo reina el silencio. De pronto, sobre el montículo de tomillos, un macho da el «co-re-ché». El Barbas ladea la cabeza:

—Mire dónde anda la zorra de ella.

VIII. APEGO A LA TIERRA

Los dos breves capitulillos que trascribo a continuación, primero y último de mi narración Viejas historias de Castilla la Vieja, *reflejan el sentimiento de patria chica del castellano, menos nostálgico que el del gallego, por ejemplo, pero no menos ferviente. Ocurre que el castellano es seco, como su tierra, y siente un instintivo pudor, una tendencia a encubrir su intimidad, como si de una debilidad femenina se tratara. En la vida patriarcal del agro castellano, los mundos del hombre y de la mujer han estado de siempre claramente delimitados. Laly, la muchacha feminista de* El disputado voto del señor Cayo, *lleva razón cuando en charla con su compañero Víctor que aduce que «en estos pueblos desconocen hasta la existencia de movimientos feministas», exclama irritada: «Pues en 1977 ya es hora de que se enteren.» Evidentemente* ya es hora, *pero el campesino castellano, el viejo campesino ha parado deliberadamente el reloj. El reloj del campo es la tradición, y dentro de esa norma, no cabe la equiparación de la mujer, que ha nacido subordinada al hombre, para ayudarle en las faenas, alumbrarle los hijos, servirle y conservar los recuerdos familiares. Al hombre le corresponde ser duro, en el trabajo y en la vida, y mostrarse como tal y en esa entereza obligada cabe tanto la impasibilidad ante la ausencia o el regreso de un amigo, como la*

*aceptación de la muerte y el paso del tiempo, o la
ocultación del sentimiento de patria chica. Cuando la
Desi, la criada de* La Hoja Roja, *como cualquier
pueblerino ausente del lugar donde nació y creció,
dice «allá en mi pueblo», imprime a sus palabras una
enamorada calidez, un sentimiento reverencial, está
hablando, aunque se trate de un villorrio perdido y
miserable, de lo mejor del mundo. Fuera de él, aunque esté a dos leguas, no se siente en casa, ni se siente
obligada a celar el tirón de sus raíces, de su añoranza.
La actitud del Isidoro, protagonista de* Viejas historias de Castilla la Vieja, *empequeñecido ante el hombre de la capital de provincia más próxima, es exter-
namente menos sentimental, esto es, la que le corresponde en cuanto hombre, pero su costra de indiferencia se desvanece una vez que la distancia aumenta y
se ve desplazado a otro mundo. Quiebra, entonces, la
implacable exigencia de la virilidad —tal vez porque
no se siente vigilado—, lo mismo que le sucede a* el
Indiano *en* El Camino. *Veamos la reacción de aquel:*

Cuando yo salí del pueblo, hace la friolera de cuarenta
y ocho años, me topé con el Aniano, el Cosario, bajo el
chopo del Elicio, frente al palomar de la tía Zenona, ya en
el camino de Pozal de la Culebra. Y el Aniano se vino a
mí y me dijo: «¿Dónde va el Estudiante?» Y yo le dije:
«¡Qué sé yo! Lejos.» «¿Por tiempo?», dijo él. Y yo le dije:
«Ni lo sé.» Y él me dijo con su servicial docilidad: «Voy
a la capital. ¿Te se ofrece algo?» Y yo le dije: «Nada,
gracias Aniano.»

Ya en el año cinco, al marchar a la ciudad para lo del
bachillerato, me avergonzaba ser de pueblo y que los
profesores me preguntasen (sin indagar antes si yo era de
pueblo o de ciudad): «Isidoro ¿de qué pueblo eres tú?» Y
también me mortificaba que los externos se dieran de
codo y cuchichearan entre sí: «¿¡Te has fijado qué cara de
pueblo tiene el Isidoro?» o, simplemente, que prescindie-
ran de mí cuando echaban a pies para disputar una partida

de zancos o de pelota china y dijeran despectivamente:
«Ese no; ese es de pueblo.» Y yo ponía buen cuidado por
entonces en evitar decir: «Allá en mi pueblo...» o «El día
que regrese a mi pueblo», pero a pesar de ello, el Topo, el
profesor de Aritmética y Geometría, me dijo una tarde en
que yo no acertaba a demostrar que los ángulos de un
triángulo valieran dos rectos: «Siéntate, llevas el pueblo
escrito en la cara.» Y a partir de entonces, el hecho de ser
de pueblo se me hacía una desgracia, y yo no podía explicar cómo se cazan gorriones con cepos o colorines con
liga, ni que los espárragos, junto al arroyo, brotaran más
recio echándoles porquería de caballo, porque mis compañeros me menospreciaban y se reían de mí. Y toda mi
ilusión, por aquel tiempo, estribaba en confundirme con
los muchachos de ciudad y carecer de un pueblo que
parecía que le marcaba a uno, como a las reses, hasta la
muerte. Y cada vez que en vacaciones visitaba el pueblo,
me ilusionaba que mis viejos amigos, que seguían matando tordas con el tirachinas y cazando ranas en la charca
con un alfiler y un trapo rojo, dijeran con desprecio:
«Mira el Isi; va cogiendo andares de señoritingo.» Así, en
cuanto pude, me largué de allí, a Bilbao, donde decían que
embarcaban mozos gratis para el Canal de Panamá y que
luego le descontaban a uno el pasaje de la soldada. Pero
aquello no me gustó, porque ya por entonces padecía yo
del espinazo y me doblaba mal y se me antojaba que no
estaba hecho para trabajos tan rudos y, así de que llegué,
me puse primero de guardagujas y después de portero en
la Escuela Normal y más tarde empecé a trabajar las
radios Philips que dejaban una punta de pesos sin ensu-
ciarse uno las manos. Pero lo curioso es que allá no me
mortificaba tener un pueblo y hasta deseaba que cualquiera me preguntase algo para decirle: «Allá, en mi pueblo,
el cerdo lo matan así, o asao.» O bien: «Allá, en mi pueblo,
los hombres visten traje de pana rayada y las mujeres
sayas negras, largas hasta los pies.» O bien: «Allá, en mi
pueblo, la tierra y el agua son tan calcáreas que los pollos
se asfixian dentro del huevo sin llegar a romper el casca-

rón.» O bien: «Allá, en mi pueblo, si el enjambre se larga, basta arrimarle una escriña agujereada con una rama de carrasco para reintegrarle a la colmena.» Y empecé a darme cuenta, entonces, de que ser de pueblo era un don de Dios y que ser de ciudad era un poco como ser inclusero y que los tesos y el nido de la cigüeña y los chopos y el riachuelo y el soto eran siempre los mismos, mientras las pilas de ladrillo y los bloques de cemento y las montañas de piedra de la ciudad cambiaban cada día y con los años no restaba allí un solo testigo del nacimiento de uno, porque mientras el pueblo permanecía, la ciudad se desintegraba por aquello del progreso y las perspectivas de futuro.

De allá yo regresé a Madrid en un avión de la SAS, de Madrid a la capital en el Taf, y ya en la capital me advirtieron que desde hacía veinte años había coche de línea a Molacegos y, por lo tanto, no tenía necesidad de llegarme, como antaño, a Pozal de la Culebra. Y parece que no, pero de este modo se ahorra uno dos kilómetros en el coche de San Fernando. Y así que me vi en Molacegos del Trigo, me topé de manos a boca con el Aniano, el Cosario, y de que el Aniano me puso la vista encima me dijo: «¿Dónde va el Estudiante?» Y yo le dije: «De regreso. Al pueblo.» Y él me dijo: «¿Por tiempo?» Y yo le dije: «Ni lo sé.» Y él me dijo entonces: «Ya la echaste larga.» Y yo le dije: «Pchs, cuarenta y ocho años.» Y él añadió con su servicial docilidad: «Voy a la capital. ¿Te se ofrece algo?» Y yo le dije: «Gracias, Aniano.» Y luego, tan pronto cogí el camino, me entró un raro temblor, porque el camino de Molacegos, aunque angosto, estaba regado de asfalto y por un momento me temí que todo por lo que yo había afanado allá se lo hubiera llevado el viento. Y así que pareé mi paso al de un mozo que iba en mi misma dirección le dije casi sin voz: «¿Qué? ¿Llegaron las máquinas?» Él me miró con desconfianza y me dijo: «¿Qué máquinas?» Yo me ofusqué un tanto y le dije: «¡Qué sé yo! La

cosechadora, el tractor, el arado de discos...» El mozo rió
secamente y me dijo: «Para mercarse un trasto de esos
habría que vender todo el término.» Y así que doblamos
el recodo vi ascender por la trocha sur del páramo de
Lahoces un hombre con una huebra y todo tenía el mismo
carácter bíblico de entonces y fui y le dije: «¿No será aquel
que sube Hernando Hernando, el de la cantina?» Y él me
dijo: «Su nieto es; el Norberto.» Y cuando llegué al pueblo
advertí que sólo los hombres habían mudado, pero lo
esencial permanecía, y si Ponciano era el hijo de Ponciano, y Tadeo el hijo del tío Tadeo, y el Antonio el nieto del
Antonio, el arroyo Moradillo continuaba discurriendo por
el mismo cauce entre carrizos y espadañas, y en el atajo
de la Viuda no eché en falta ni una sola revuelta, y también
estaban allí, firmes contra el tiempo, los tres almendros
del Ponciano, y los tres almendros del Olimpio, y el chopo
del Elicio, y el palomar de la tía Zenona, y el Cerro
Fortuna y el soto de los Encapuchados, y la Pimpollada,
y las Piedras Negras, y la Lanzadera por donde bajaban
en agosto los perdigones a los rastrojos, y la nogala de la
tía Bibiana, y los Enamorados, y la Fuente de la Salud, y
el Cerro Pintao, y los Siete Sacramentos, y el Otero del
Cristo, y la Cruz de la Sisinia, y el majuelo del tío Saturio,
donde encamaba el matacán, y la Mesa de los Muertos.
Todo estaba tal y como lo dejé, con el polvillo de la última
trilla agarrado aún a los muros de adobe de las casas y a
las bardas de los corrales.

Y ya, en casa, las Mellizas dormían juntas en la vieja
cama de hierro, y ambas tenían ya el cabello blanco, pero
la Clara, que sólo dormía con un ojo, seguía mirándome
con el otro, inexpresivo, patéticamente azul. Y al besarlas
en la frente se la despertó a la Clara el otro ojo y se cubrió
instintivamente el escote con el embozo y me dijo:
«¿Quién es usted?» Y yo la sonreí y la dije: «¿Es que no
me conoces? El Isidoro.» Ella me midió de arriba abajo y,
al fin, me dijo: «Estás más viejo.» Y yo la dije: «Tú estás
más crecida.» Y como si nos hubiéramos puesto de acuerdo, los dos rompimos a reír.

Conducta análoga se observa en Lorenzo —hombre = autocontrol—, cazador y emigrante, quien tras un año de estancia en Chile, aprovecha un modesto golpe de fortuna para decidir el regreso. Hasta ese momento, la nostalgia de Lorenzo se ha mostrado más o menos reprimida —delegada en Anita, su mujer, a la que reprende por su blandura (?)—, mas una vez tomada la determinación, reconoce que su país, su ciudad, su casa, sus amigos, constituyen casi su única razón de existir. Veamos estas páginas de Diario de un emigrante:

3 abril, domingo

El tío ni palabra. Parece como si yo hubiera venido aquí a pegar la gorra. Eso sí, en el café se emperró en ponerme cinco terrones y no tuve otro remedio que aguantar. ¡Vamos, que la cosa tiene guasa! A pique estuve de decirle que aunque pobre, ni la Anita ni yo, a Dios gracias, venimos de pasar necesidad. Callé la boca, sin embargo, para no poner peor las cosas. La tía se pasó la mañana cantando y la muchacha, o como se llame el pellejo ese, yendo de acá para allá como un fantasma. A las doce, subimos a misa, a San Francisco, y estuvimos viendo la Alameda como Dios manda. ¡Ya tiene tráfico esta ciudad, ya! Dice el tío Egidio que como no hay «metro» todo sale por fuera, y no le falta razón. Lo cierto es que aquí hay carros de todos los tamaños y todos los colores. El tío cogió la pichicharra de que debía aprender a distinguirlos desde el primer día y allá anduvimos parados en el bordillo como lelos, tres cuartos de hora. Él preguntaba: «¿Ese?» y yo tenía que decirle: «micro», o «liebre» o «colectivo», o lo que fuese, y él decía: «bien» o «no»; y si decía «no» yo tenía que repetir hasta que acertara. Me giba lo que nadie sabe esto de que me traten como a un piernas. Uno, me parece a mí, ya ha demostrado que sabe desenvolverse,

y lo que no sepa hoy ya lo aprenderá mañana, que tampoco se ganó Zamora en una hora, como yo digo.

Camino de casa el tío Egidio nos enseñó los negocios
del centro y la calle Ahumada, y la Plaza de Armas, y los
principales monumentos, pero de que la tía dijo que tomar
unas pinchanguitas, él que aligerásemos que era la hora
del rancho. Luego se pasó la tarde cascando y sólo al final
preguntó cómo se las arreglaba su hermano allá. Le dije
lealmente que el negocio le daba para ir tirando y él movía
la cabeza de un lado a otro y sonreía a lo bobo. Después
cogió la perra de su barraca y no lo dejó hasta la hora de
cenar. ¡Vaya un pico de oro que se gasta el gilí! La tía
agarró la baraja y preguntó si jugábamos a la canasta. Ya
le dije que no y entonces se puso a hacer montones ella
sola. A la hora de acostarnos, salió con que había olvidado
el correo y nos dio dos cartas de allá. La chavala dijo que
leerlas en la cama, se amonó entre las sábanas y que las
leyera en alto y despacio. Según leía me iba entrando por
el pecho como un ansia y apenas si podía pronunciar. La
carta de los viejos ya se sabe, vengan recomendaciones,
que si el médico, que si el frío, que si el tío Egidio. Se
empezó a mover la cama, miré para la Anita y la gilí toda
la almohada empapada. Me hice el soca para que se desa-
hogara a gusto, pero cuando me puse a leer la de Melecio,
casi no había de qué. El vaina de él que cuando se vio solo
en Barcelona le parecía que andaba en otro planeta y que
en el tren de regreso era tal y como si fuese acompañando
un entierro. Piensa vacunar a la Doly contra el moquillo
a pesar de que es vieja y poca utilidad puede rendirle, pero
el animal es ya para él como uno de la familia. Al terminar, la chavala me dijo que se acordaba de su casa y que
no lo podía remediar. Ya le dije que eso ahora no contaba
y que no volviera a mentar a lo bobo lo que habíamos
dejado, porque no conducía a nada más que a gibar la
parte. Así y todo yo no pude dejar de pensar en Melecio,
y en la Amparo, y en el Mele, y en todo hasta que me
quedé roque. ¡Anda y que tampoco tenemos kilómetros
por medio!

9 abril, sábado

Una semana que llegamos, se dice pronto. Antes que nos demos cuenta llevaremos un año aquí. Así es la vida y uno, en definitiva, no puede hacer otra cosa que bailar al son que le tocan. Ando como achucharrado y sólo de ver los picos de la cordillera paso la pena negra. Hoy me dio por pensar que, después de todo, en casa no echaba nada en falta, o sea que si nos largamos fue sólo por la cochina avaricia. Bien mirado, allá con los caseríos, los amiguetes y un empleo descansado uno tenía para ir tirando, pero no. Decía mi padre, y con razón, que los hombres son como las gallinas, que las echas la maíz y se van a picar la mierda.

A la mañana me las tuve tiesas con el tío. ¡No te amuela! El cipote emperrado en que me colocara un mandil para repartir, como si uno fuese un cualquiera. Ya le dije que eso no, que estaba enseñado al uniforme que, no es porque yo lo dijera, pero poco tenía que envidiar del de la Armada. El candongo de él, que sabía por experiencia que la ropa no aguanta estos trajines, y ya le dije que si le parecía bonito que su sobrino saliese a la calle como un cantinflas de esos que andan picando piedra en la calle Ahumada. Ya quemado, se fue de la cuestión y dijo que uno no debería achuncharse de su vida de trabajo y ya le dije que de eso a disfrazarme por aquello de no marrotar la ropa, hay distancia.

La Anita cada día come menos. Está que pisa un huevo y no lo rompe, como yo digo. Ciertamente la comida aquí no es como para correr por ella, con tanto choclo y ese aceite de gigantea que se gastan, pero, vamos... Ya le digo que se esfuerce, pero como si no. Lo que le ocurre a la chavala es que se ha llevado un desengaño de aúpa, pero antes que confesarlo se dejaría abrir en canal.

Al acostarnos me preguntó si me había recordado de que ayer fue Viernes Santo. Verdaderamente. Mira que allá este es un día grande; bueno, pues aquí, ni muestra.

Razón le sobraba a Marcelo, el uruguayo, cuando decía
que tocante a religión los extranjeros son más fríos que
otro poco.

12 enero, jueves

Entre unos y otros, el cabrito está muy mal enseñado y
no acierta a estar sin gente. Si no anda alguien trasteando
con él, ya se sabe, a berrear. Llevo unos días que sólo de
verle ya me entra la murria. Uno, para los suyos, quisiera
siempre lo mejor, es ley de vida. Y a uno le petaría criarle
entre lo que estima y enseñarle desde chiquitín a manejar-
se con la escopeta y a patear el campo. Y luego la chavala.
El casado casa quiere, ya se sabe. Y nada de una pieza en
la ajena y andar trotando de la mañana a la noche por
cuatro pitos. Bien mirado la chavala no merece esto y si
te pones a pensar y el viejo ha corrido la bola allá, no hay
nada que nos amarre.

De que cobré la lotería, parece como que los billetes
tuvieran escrito su destino. Te pones a ver y cada día que
pasa estoy más aliquebrado y si nos largáramos de una
vez, malo sería que no alcanzara todavía el último cacerío.
Uno por más que diga misa, sabe que anda aquí provi-
sorio y que hará una estadía más o menos larga, pero
terminará por dar media vuelta y si te he visto no me
acuerdo.

Me fumé el periódico y, de que me acosté, la solté a la
chavala, como de coña, que si sabía qué me iba a hacer
con los pesos de la Polla y un poco más, y ella que qué, y
yo que mercarme dos pasajes para allá. Ella que si pensaba lo que decía, y yo que a ver, que llevo un mes dándole
vueltas y que, en definitiva, si el viejo ha largado la pepa
nada pintamos aquí ya. La chavala, de primeras, un poco
roncera, pero de que la hablé de ver a los viejos, y de la
casa con la azotea, y de los amiguetes, y de que tampoco
íbamos a darnos pote ni nada con toda la cuadrilla, se fue
calentando y acabó bajándole el apuro. Bien sabe Dios

que yo empecé de broma, pero de que la vi a ella tan colada, y que no ponía pegas, la dije que para el mes que viene y que era cosa determinada. Sólo de pensarlo se me puso una cosa así sobre la parte que no me dejaba parar. Me levanté y me fui donde la señora Verdeja, que andaba trajinando, y se lo largué, y ella que no sabría vivir sin el cabrito, y fue y se puso tierna, y lo que yo la dije, que mil años que viviera, mil años que la llevaría aquí, porque había sido para nosotros como una madre y más que una madre también. En estas se presentó la chavala y empezamos a rajar y entre unas cosas y otras se nos hicieron las cuatro. Luego ni podía agarrar sueño. ¡Pucha madre! Te pones a pensar y esto es lo que a uno le cuadraba desde que llegó, pero uno es cobarde y lo que pasa, le cuesta determinarse. ¡La madre que me echó y quien me verá a la vuelta de un par de meses paseando arriba y abajo la calle Principal! ¡Mentira parece aún!

28 enero, sábado

Cuando vi desde lo alto las luces de Buenos Aires, la dije a la chavala que animase y que ya andábamos más cerca. A la legua se la veía con mal cuerpo, pero mañana ni recordarse, como yo digo; todo por el cochino güisqui. Si la chavala no lo cata, de qué, pero se emperró, aunque ya de entrada porfió que la olía a orines, y lo que pasa. Claro que te pones a ver y ya subió al trasto este con un poquito de canguelo. Luego las despedidas, que lo quieras o no, siempre afectan. ¡Y hay que ver el boche que se armó con los tíos, y el Efrén, y el León, y la Verdeja, y el don Juanito en Los Cerrillos. El torda del tío se presentó como un viejito Pascuero, todo para el condenado crío. ¡También es chaladura la de este hombre! Menos mal que conocía a uno de la Aduana y nos hicieron la vista gorda, si no de qué. Avisaron por el parlante para subir y todos que chao y felicidad y desde la azotea venga de decir adiós con los pañuelos. El despistado del tío, para no perder la costumbre, enseñando el faldistón de la camisa por la pretina. Me dio lacha, la verdad, y ni le miré la cara.

Luego, el avión. ¡Menudo cigarro puro, como yo digo, el artefacto este! No hace falta que digan que es norteamericano. Y menuda chavala al cuidado. ¡De fantasía, vamos! Yo iba tan pancho junto a la Anita, que con la castorina y el casquete parecía una duquesa. ¡Pero anda que tampoco traspiró ni nada la mujer con las pieles dichosas! Cuando echamos para arriba un color se me iba y otro se me venía. Y, al minuto, la Cordillera. ¡La madre que la parió! Uno ha corrido ya mucho mundo, pero por mil años que viva no olvidará el espectáculo. El sol iba de retirada y las puntas de los picos nevados talmente como si fueran espejos. Detrás de los montes, más montes. No se veía el fin. La dije a la chavala que atendiera y ella que qué creía que estaba haciendo. Fue entonces cuando la muñeca la camarera se hizo cargo de la guagua y dijo lo del güisqui, y la chavala que al pelo. En estas íbamos de cara a un pico que todavía levantaba más que nosotros y, de que llegamos a pocos metros, el avión empezó que me caigo que no me caigo y el parlante que saludábamos al Aconcagua y entre esto y el güisqui, que la chavala se me puso a morir, agarró la bolsa y volvió el cuajo a modo. Faltó un pelo para decirle a la camarera que si no podían dejar de hacer el zángano, que hasta las pieles de mi señora se habían malrotado y que si no nos habíamos desnucado no sería por falta de ganas. Si candé el pico fue por no armar la polca a aquellas alturas. Luego la chavala se serenó y se quedó un poquito traspuesta. Yo no acertaba a ponerme quieto y en diez minutos de reloj, fui tres veces al water. La muñeca la camarera que si me ocurría algo. Lo que yo la dije que a qué ton, que sólo era a orinar y que, como iba camino de casa, no se me cocía el bollo. Luego me acomodé y me puse a pensar que aunque no hacía todavía el año que salí de casa, bien parecía una vida. Y, sin darme cuenta, empezaron a venirme a las mientes el Melecio, y la Modes, y los chaveas de mi hermana, y el Tochano, y el Zacarías, y el Polo, y el don

Rodrigo, y todo cristo y yo venga de pensar lo que les diría, porque, en definitiva, el que mi señor haya largado la pepa poco nos puede perjudicar, me parece a mí. Como no sea el malaúva del Tochano, los demás punto en boca, ya se sabe. Al huevón del Melecio o mucho me equivoco o nos le tropezamos en Vigo. ¡Anda y que tampoco va a presumir el mandria de él con el extractor de palanca ni nada! Lo que yo me digo que si me le veo en el muelle aguardándonos con la boinilla en la mano no respondo. Y a saber la jeta de la Doly cuando me ponga la vista encima. Digo yo que el animalito ni me reconocerá siquiera. Y no tiene nada de extraño, que uno no le va a exigir a una perra lo mismo que a una persona. Pero ¡anda que en cuanto que me olfatee los bajos los pantalones va a ser ella! Te pones a mirar y ni con diez años hay suficientes para desembuchar lo que he visto. Quieras que no, el viajar da viso y el Tochano en lo sucesivo tendrá que achantar la muí cuando este menda se explique. No digamos el Zacarías. El cipote se andará ahora con más cuidado antes de soltar una trola. Pero si me alegro es, sobre todas las cosas, por el de Francés, el tío estreñido, que sólo por veranear en San Sebastián ya se cree alguien. Vamos, todavía hay clases, me parece a mí. Y con esto y con lo de la Conserjería, que estará al caer, el huevón empezará a darse cuenta de que uno no es un cero a la izquierda. Bueno, todo esto si el don Basilio no me ha hecho la marranada. ¡Vaya usted a saber! En cuanto al viejo va a oírme, por más que, bien mirado, si él no se va del pico, allá seguiría moviendo las tabas como un paria. Bueno está lo bueno.

En estas andaba cuando la muñeca la camarera dijo que se veían las luces de Buenos Aires. La di de codo a la chavala y ella que qué y yo que ya estábamos más cerca y ella que se la había puesto mal cuerpo y seguía con ganas de devolver. Lo que yo la dije, aguanta diez minutos y mañana como un geranio. Te pones a ver y como en casa en ninguna parte.

IX. HUMANIZACIÓN
DE LOS ANIMALES

La población mermada, dispersa, asentada en pequeños pueblecitos y caseríos, frente a la colmena trepidante de la gran urbe hacen cada día más pronunciada en Castilla la distancia que media entre campo y ciudad. La primera impresión que recibe el hombre de asfalto que se traslada al medio rural es la de haberse quedado sordo. Esta impresión de vacío ya fascinó a Azorín a principios de siglo cuando, refiriéndose a una aldea castellana, escribe: «Y no percibís ni el más leve rumor, ni el retumbo de un carro, ni el ladrido de un perro, ni el cacareo lejano y metálico de un gallo... La sensación de abandono y muerte que antes os sobrecogiera, se acentuará ahora de modo doloroso a medida que vais recorriendo estas calles y aspirando este ambiente.» Diríase que al maestro levantino se le fue la mano, hizo futurismo en su descripción, trasladándose imaginativamente a uno de los pueblos abandonados de nuestros días, es decir, de medio siglo más tarde. Y ni aun así; la impresión de vacío que producen las callejas de un villorrio castellano, enfangadas en invierno y polvorientas en verano, se ve atenuada, precisamente, por lo que él echaba en falta: las manifestaciones de la vida irracional. Y todavía diría más: la soledad progresiva del hombre en el campo, al operar sobre su afectividad, le ha ido acercando más cada día a los animales, a los que, se diría, ha dotado de alma, humanizándoles. Y al hacer esta afirmación no pretendo insinuar que haya eliminado de sus relaciones los malos tratos, sino, más bien, que la soledad le ha empujado a buscar en el animal una referencia, un destinatario, un eco de su propio yo, casi diría, un interlocutor. La aproximación hombre-animal es patente en Castilla donde no se concibe la vida sin un can ladrando en la noche, un cerdo gruñendo en la pocilga, o las pisadas resignadas de un pollino acarreando una brazada de mieses por una cambera. El animal forma parte esencial de la vida en las pequeñas comunidades. Las estampas del Senderines en mi relato La Mortaja *o del señor Cayo, en la novela que protagoniza, que no encuentra ayuda para enterrar a los últimos muertos del lugar, resultan muy elocuentes en este aspecto, ya que, en el peregrinar solitario del niño del primer relato a lo largo de toda una noche, apenas si le acompañan —acolchando una situación excesivamente bloqueada y dramática— el brillo de las luciérnagas, el canto de los grillos y las llamadas de la codorniz en celo. Y otro tanto diría del señor Cayo que comparte su vida con su mujer muda, un perro descastado, un asno sumiso y una docena de gallinas. Habituado al silencio, el señor Cayo (como el Nini, de* Las Ratas*) apenas comprende otro lenguaje que el de los pájaros: los gemidos del cárabo que anidó en el pajar, los gritos destemplados de las chovas en los cantiles o el reclamo insistente del cuclillo buscando pareja. Estos sonidos que para el hombre urbano representan una nota indicativa de la soledad del campo, e incluso vienen a subrayar el silencio, representan para el hombre rural una manifestación de vida y una compañía impagable (recordemos que el señor Cayo da cuerda al reloj sin manecillas de la torre de la iglesia porque su tic-tac* llena*). Tal sentimiento, extensivo, aunque en menor grado, al mundo* *de la botánica, se hace explícito en el lenguaje. El campesino suele emplear voces femeninas, más tiernas y maternales, para designar árboles y pájaros que en los diccionarios y en el vocabulario capitalino, son resueltamente masculinos:* torda *por* tordo, nogala *por* nogal, rendaja *por* arrendajo, olma *por* olmo, *etc. Esta compenetración hombre-animal, hombre-vegetal, se hace patente en toda mi obra, llena de perdices, liebres, zorros, perros, ratas, camachuelos, jilgueros, gallos, palomas, urracas, truchas, y, también, de árboles y arbustos, de manera que bastaría abrir cualquiera de mis libros, incluso los de ambiente urbano (recordemos la perra Fany y los peces de colores de* La sombra del ciprés es alargada) *para demostrar cuanto antecede. Pero, quizá, donde este sentimiento se manifiesta con mayor ternura es en el capítulo VI de* Las Ratas *donde vemos al Nini (el niño-sabio protagonista) junto a su perra en íntima comunión con la naturaleza que le rodea:*

Pero el Nini reía a menudo aunque nunca lo hiciera a tontas y a locas como los hombres en las matanzas, o como cuando se emborrachaban en la taberna del Malvino, o como cuando veían caer el agua del cielo después de esperarla ansiosamente durante meses enteros. Tampoco reía como Matías Celemín, el Furtivo, cada vez que se dirigía a él, frunciendo en mil pliegues su piel curtida como la de un elefante y mostrando amenazadoramente sus dientes carniceros.

El Nini no experimentaba por el Furtivo la menor simpatía. El niño aborrecía la muerte, en particular la muerte airada y alevosa, y el Furtivo se jactaba de ser un campeón en este aspecto. En puridad, a Matías Celemín le empujaron las circunstancias. Y si tuvo alguna vez instintos carniceros, los ocultó celosamente hasta después de la guerra. Pero la guerra truncó muchas vocaciones y acorchó muchas sensibilidades y determinó muchos destinos, entre otros el de Matías Celemín, el Furtivo.

Antes de la guerra, Matías Celemín salía a las licitaciones de los pueblos próximos y remataba tranquilamente por un pinar albar cuatro o cinco mil reales. El Furtivo prejuzgaba que no se cogería los dedos porque él sabía barajar en su cabeza hasta cinco mil reales y sumar y restar de ellos la cuenta de los apaleadores y, en definitiva, si sacaría o no de su inversión algún provecho. Pero llegó la guerra y la gente empezó a contar por pesetas y en las licitaciones se pujaba por veinte y hasta por treinta mil y a esas cifras él no alcanzaba porque además había de multiplicarlas por cuatro para reducirlas a reales, que era la unidad que manejaba; en las subastas se le llenaba la cabeza como de humo y no osaba salir. Empezó a amilanarse y a encogerse. No bastaba que le dijeran: «Matías, la vida está diez veces.» El Furtivo, pasando de los cinco mil reales era un ser inútil, y fue entonces cuando se dijo: «Matías, por una perdiz te dan cien reales limpios de polvo y paja y cuatrocientos por un raposo, y no digamos nada por un tejo.» Y, de repente, se sintió capaz de pensar tan derecha o tan torcidamente como los raposos y los tejos, y aun de jugársela. Y se sintió capaz, asimismo, de calcular el precio de un cartucho fabricando la pólvora en casa con clorato y azúcar y cargándole con cabezas de clavos. Y a partir de aquel día se le empezó a afilar la mirada y a curtírsele la piel, y en el pueblo, cuando alguien le mentaba, decían: «Huy, ese.» Y doña Resu, el Undécimo Mandamiento, era aún más contundente y decía que era un vago y un maleante, un perdido como los de las cuevas y como los extremeños.

Matías Celemín, el Furtivo, solía velar de noche y dormir de día. La aurora le sorprendía generalmente en el páramo, en la línea del monte, y para esa hora ya tenía colocados media docena de lazos para las liebres que regresaban del campo, un cepo para el raposo y un puñado de lanchas y alares en los pasos de la perdiz. A veces aprovechaba el carro de la Simeona o el Fordson del Poderoso, para arrimarse a un bando de avutardas y cobrar un par de piezas de postín. El Furtivo no respetaba leyes ni reglamentos y en primavera y verano salía al campo con la escopeta al hombro como si tal cosa y si acaso tropezaba con Frutos, el Jurado, le decía: «Voy a alimañas, Frutos, ya lo sabes.» Y Frutos, el Jurado, se limitaba a decir: «Ya, ya», y le guiñaba un ojo. Para Frutos, el Jurado, la intemperie era insana porque el sol se come la salud de los hombres lo mismo que los colores de los vestidos de las muchachas y, por esta razón, se pasaba las horas muertas donde el Malvino jugando al dominó.

Con frecuencia, la astucia del Furtivo era insuficiente y, entonces, recurría al Nini:

—Nini, bergante, dime dónde anda el tejo. Un duro te doy si aciertas.

O bien:

—Nini, bergante, llevo una semana tras el raposo y no le pongo la vista encima. ¿Le viste tú?

El niño se encogía de hombros sin rechistar. El Furtivo, entonces, le zarandeaba brutalmente y le decía:

—¡Demonio de crío! ¿Es que nadie te ha enseñado a reír?

Pero el Nini sí sabía reír, aunque solía hacerlo a solas y tenuemente y, por descontado, a impulso de algún razonable motivo. Llegada la época del apareamiento, el niño subía frecuentemente al monte de noche, y, al amanecer, cuando los trigos verdes recién escardados se peinaban con la primera brisa, imitaba el áspero chillido de las liebres y los animales del campo acudían a su llamada, mientras el Furtivo, del otro lado de la vaguada, renegaba de su espera inútil. El Nini reía arteramente y volvía a reír para sus adentros cuando, de regreso, se hacía el encontradizo con el Furtivo y Matías le decía malhumorado:

—¿De dónde vienes, bergante?

—De coger níscalos. ¿Hiciste algo?

—Nada. Una condenada liebre no hacía más que llamar desde la vaguada y se llevó el campo.

Repentinamente el Furtivo se volvía a él, receloso:

—No sabrás tú por casualidad hacer la chilla, ¿verdad, Nini?

—No. ¿Por qué?

—Por nada.

En otras ocasiones, si el Furtivo salía con la Mita, la galga, el Nini se ocultaba, camino del perdedero, y cuando la perra llegaba jadeante, tras de la liebre, él, desde su escondrijo, la amedrentaba con una vara y la Mita, que era cobarde, como todos los galgos, abandonaba su presa y reculaba. El Nini, el chiquillo, también reía silenciosamente entonces.

En todo caso, el Nini sabía reír sin necesidad de jugársela al Furtivo. Durante las lunas de primavera, el niño gustaba de salir al campo y agazapado en las junqueras de la ribera veía al raposo descender al prado a purgarse aprovechando el plenilunio que inundaba la cuenca de una irreal, fosforescente, claridad lechosa. El zorro se comportaba espontáneamente, sin recelar su presencia. Pastaba cansinamente la rala hierba de la ribera y, de vez en cuando, erguía la hermosa cabeza y escuchaba atentamente durante un rato. Con frecuencia, el destello de la luna hacía relampaguear con un brillo verde claro sus rasgados ojos y, en esos casos, el animal parecía una sobrenatural aparición. Una vez el Nini abandonó gritando su escondrijo cuando el zorro, aculado en el prado, se rascaba confiadamente y el animal, al verse sorprendido, dio un brinco gigantesco y huyó, espolvoreando con el rabo su orina pestilente. El niño reía a carcajadas mientras le perseguía a través de las junqueras y los sembrados.

Otras noches el Nini, oculto tras una mata de encina, en algún claro del monte, observaba a los conejos, rebozados de luna, corretear entre la maleza levantando sus rabitos blancos. De vez en cuando asomaba el turón o la comadreja y entonces se producía una frenética desbandada. En la época de celo, los machos de las liebres se peleaban sañudamente ante sus ojos, mientras la hembra aguardaba al vencedor, tranquilamente aculada en un extremo del claro. Y una vez concluida la pelea, cuando el

macho triunfante se encaminaba hacia ella, el Nini reme-
daba la chilla y el animal se revolvía, las manos levantadas,
en espera de un nuevo adversario. Había noches, a co-
mienzos de primavera, en que se reunían en el claro hasta
media docena de machos, y entonces la pelea adquiría
caracteres épicos. Una vez presenció el niño cómo un
macho arrancaba de cuajo la oreja a otro de un mordisco
feroz y el agudo llanto del animal herido ponía en el
monte silencioso, bajo la luz plateada de la luna, una nota
patética.

Para San Higinio, Matías Celemín, el Furtivo, cobró un
hermoso ejemplar de zorro. Por esas fechas habían termi-
nado las matanzas y transcurrido las Pascuas, pero el
clima seguía áspero y por las mañanas las tierras amane-
cían blancas como después de una nevada. Aparte mover
el estiércol y desmatar los sembrados, nadie tenía entonces
nada que hacer en el campo excepto el Furtivo. Y este,
según descendía del páramo, aquella mañana, se desvió
ligeramente sólo por el gusto de pasar junto a la cueva y
mostrar al niño su presa:

—¡Nini! —voceó—. ¡Nini! ¡Mira lo que te traigo, bergante!

Era una hermosa raposa de piel rojiza con un insólito
lunar blanco en la paletilla derecha. El Furtivo la apretó
una mama y brotó un chorrito de un líquido consistente y
blanquecino. Levantó luego el animal en lo alto para que
el niño la contemplara a su capricho.

—Hembra y criando —dijo—. ¡Una fortuna! Si el Justito
no se rasca el bolso en forma, me largo con ella a la
ciudad, ya ves.

Las pulgas abandonaban el cuerpo muerto y buscaban
el calor de la mano del Furtivo. El Nini persiguió al
hombre con la mirada, le vio atravesar el puentecillo de
tablas, con la raposa muerta en la mano, y perderse dando
voces tras el pajero del pueblo.

A la noche, tan pronto sintió dormir al tío Ratero, se
levantó y tomó la trocha del monte. La Fa brincaba a su
lado y, bajo el desmayado gajo de luna, la escarcha espe-

jeaba en los linderones. La madriguera se abría en la cara norte de la vaguada y el niño se apostó tras una encina, la perra dócilmente enroscada bajo sus piernas. La escarcha le mordía, con minúsculas dentelladas, las yemas de los dedos y las orejas, y los engañapastores aleteaban blandamente por encima de él, muy cerca de su cabeza.

Al poco rato sintió gañir; era un quejido agudo como el de un conejo, pero más prolongado y lastimero. El Nini tragó media lengua y remedó el chillido repetidamente, con gran propiedad. Así se comunicaron hasta tres veces. Al cabo, a la indecisa luz de la luna, se recortó en la boca de la madriguera el rechoncho contorno de un zorrito de dos semanas, andando patosamente como si el airoso plumero del rabo entorpeciese sus movimientos.

En pocos días el zorrito se hizo a vivir con ellos. Las primeras noches lloraba y la Fa le gruñía con una mezcla de rivalidad atávica y celos domésticos, pero terminaron por hacerse buenos amigos. Dormían juntos en el regazo del niño, sobre las pajas, y a la mañana se peleaban amistosamente en la pequeña meseta de tomillos que daba acceso a la cueva. Pronto se corrió la noticia por el pueblo y la gente subía a ver el zorrito, mas, ante los extraños, el animal recobraba su instinto selvático y se recluía en el rincón más oscuro del antro, y miraba de través y mostraba los colmillos.

Decía Matías Celemín, el Furtivo:

—¡Qué negocio, Nini, bergante! A este me lo zampo yo.

A las dos semanas el zorrito ya comía en la mano del niño, y cuando este regresaba de cazar ratas el animal le recibía lamiéndole las sucias piernas y agitando efusivamente el rabo. Por la noche, mientras el tío Ratero guisaba una patata con una raspa de bacalao, el niño, el perro y el zorro jugaban a la luz del carburo, hechos un ovillo, y el Nini, en esos casos, reía sin rebozo. Por las mañanas, a pesar de que el zorrito se hizo a comer de todo, el Nini le traía una picaza para agasajarle y al verle desplumar el ave con su afilado y húmedo hocico, el niño sonreía complacidamente.

La Simeona le decía a doña Resu, el Undécimo Mandamiento, a la puerta de la iglesia, comentando el suceso de la cueva:

—Es la primera vez que veo a un raposo hacerse a vivir como los hombres.

Pero doña Resu se encrespaba:

—Querrás decir que es la primera vez que ves a un hombre y un niño hacerse a vivir como raposos.

El Nini temía que, al crecer, el zorrito sintiera la llamada del campo y le abandonase, aunque de momento el animal apenas se separaba de la cueva, y el niño, cada vez que salía, le hacía una serie de recomendaciones y el zorrito le miraba inteligentemente con sus rasgadas pupilas, como si le comprendiese.

Una mañana, el chiquillo oyó una detonación mientras cazaba en el cauce. Enloquecido, echó a correr hacia la cueva y antes de llegar divisó al Furtivo que descendía a largas zancadas por la cárcava con una mano oculta en la espalda y riendo a carcajadas:

—Ja, ja, ja, Nini, bergante, ¿a que no sabes qué te traigo hoy? ¿A que no?

El niño miraba espantado la mano que poco a poco se iba descubriendo y, finalmente, Matías Celemín le mostró el cadáver del zorrito todavía caliente. El Nini no pestañeó, pero cuando el Furtivo se lanzó a correr cárcava abajo, se agachó en los cascajos y comenzó a cantearle furiosamente. El Furtivo brincaba, haciendo eses, como un animal herido, sin cesar de reír agitando en el aire, como un trofeo, el cadáver del zorrito. Y cuando se refugió, al fin, tras el pajero del pueblo, aún se lo mostró una vez más, lamentablemente desmayado, sobre los tubos de la escopeta.

X. INDIVIDUALISMO

La despoblación, los caseríos diseminados por la montaña o la llanura, mal comunicados por intransitables caminos de relejes, han acentuado la propensión al aislamiento del castellano. El campesino, tal vez por su deficiente sentido de la organización o por estar habituado a resolver por sí mismo desde niño los problemas que a diario se le plantean, no cree en la eficacia de la tarea colectiva, se muestra refractario a toda empresa común. Su vida parece regirse por una máxima que no deja de ser un dislate: lo mío es mío pero lo de todos no es de nadie. De esta manera, el castellano, que en los momentos cruciales y ante las dificultades de sus prójimos es un ser desinteresado, generoso y compasivo, se torna reacio a la asociación, y hasta insolidario, en la vida cotidiana normal. Por ello resultaría risible hablar de servicios comunes en las aldeas castellanas. Las anécdotas del Servicio de Concentración Parcelaria a lo largo de los años ilustrarían copiosa y sabrosamente este capítulo. El mero hecho de haberse tenido que prolongar durante lustros una gestión que debió realizarse en un corto número de años ya da idea de la resistencia del castellano al cambio y la reorganización. El minifundio es tradicionalista y conservador, reacio a pactos, y a toda idea de disciplina. Es muy discutible que la escasa densidad demográfica de la región —veinte, veinticinco ha-

bitantes por kilómetro cuadrado— haya determinado esta proclividad al individualismo, pero lo que ha influido, sin duda alguna, es su pobreza. El tener poco acrece el amor, que a veces se torna codicia, sobre ese poco, que, en definitiva, es lo único nuestro. Ortega y Gasset, ante las parameras inhóspitas de Soria, se pregunta: «¿Habrá algo más pobre en el mundo?... Yo la he visto en tiempos de recolección, cuando el anillo dorado de las eras apretaba sus mínimos pueblos en un ademán alucinado de riqueza y esplendor. Y, sin embargo, la miseria, la sordidez, triunfaba sobre las campiñas y sobre los rostros como un dios adusto y famélico, atado por otro dios más fuerte a las entrañas de esta comarca...»

Pobreza, incomunicación, creciente soledad, van acentuando, día a día, el irreductible individualismo castellano —mal general de todo el país, aunque seguramente en otra medida—, causa generadora de no pocos de nuestros infortunios. Unas páginas de mi novela El Camino *aluden a este defecto:*

Con frecuencia, Daniel, el Mochuelo, se detenía a contemplar las sinuosas callejas, la plaza llena de boñigas y guijarros, los penosos edificios, concebidos tan sólo bajo un sentido utilitario. Pero esto no le entristecía en absoluto. Las calles, la plaza y los edificios no hacían un pueblo, ni tan siquiera le daban fisonomía. A un pueblo lo hacían sus hombres y su historia. Y Daniel, el Mochuelo, sabía que por aquellas calles cubiertas de pastosas boñigas y por las casas que las flanqueaban, pasaron hombres honorables, que hoy eran sombras, pero que dieron al pueblo y al valle un sentido, una armonía, unas costumbres, un ritmo, un modo propio y peculiar de vivir.

¿Que el pueblo era ferozmente individualista y que una corporación pública tuviera poco que hacer en él, como decía don Ramón, el alcalde? Bien. El Mochuelo no entendía de individualismo, ni de corporaciones públicas y no poseía razones para negarlo. Pero, si era así, los males consiguientes no rebasaban el pueblo y, después de todo, ellos mismos pagaban sus propios pecados.

¿Que preferían no asfaltar la plaza antes de que les aumentasen los impuestos? Bien. Por eso la sangre no iba a llegar al río. «La cosa pública es un desastre», voceaba, a la menor oportunidad, don Ramón. «Cada uno mira demasiado lo propio y olvida que hay cosas que son de todos y que hay que cuidar», añadía. Y no había quien le metiera en la cabeza que ese egoísmo era flor o espina, o vicio o virtud de toda una raza.

Pero, ni por esto, ni por nada, podían regateársele al pueblo sus cualidades de eficiencia, seriedad y discreción. Cada uno en lo suyo, desde luego, pero los vagos no son vagos porque no quieran trabajar en las cosas de los demás. El pueblo, sin duda, era de una eficacia sobria y de una discreción edificante.

¿Que la Guindilla mayor y el Cuco, el factor, no eran discretos? Bien. En ningún cuerpo falta un lunar. Y, en cuanto al individualismo del pueblo, ¿se bastaban por sí solos los mozos y las mozas los sábados por la tarde y los domingos? Don José, el cura, que era un gran santo, solía manifestar, contristado: «Es lástima que vivamos uno a uno para todas las cosas y necesitemos emparejarnos para ofender al Señor.»

Pero tampoco don José, el cura, quería entender que esa sensualidad era flor o espina, o vicio o pecado de toda una raza.

Indicativo, asimismo, aunque en este caso de recha-
zo, me parece el episodio de El disputado voto del
señor Cayo *referente a la vida del pueblo como co-*
munidad, durante los primeros meses de la guerra
civil. En él se demuestra que el castellano, únicamente
ante una calamidad pública podrá llegar a hacer de-
jación de su individualidad, acogerse a una disciplina
común y aceptar diluirse en un gregarismo imperso-

nal que, aunque espontáneamente le repugne, no deja
de ser un mal menor que tal vez pueda ayudarle a
sobrevivir a la catástrofe:

El recial rompía contra la roca, deshaciéndose en espuma, y se precipitaba, luego, en el vacío desde una altura de veinte metros. Bajo la cola blanca de la cascada, zigzagueaba el camino y, bajo este, encajonado, corría el río en ejarbe, arrastrando troncos y maleza, regateando entre los arbustos. Un suave viento del sur humedecía sus rostros con finísimas partículas de agua espolvoreada. El señor Cayo apoyó su mano en la roca y alzó la voz para dominar el fragor de la catarata:

—A la cascada esta le decimos aquí las Crines. De siempre. Pasen. —Afianzó el pie derecho en una leve cornisa cubierta de verdín y añadió—: Ojo no resbalen.

Se ciñó a la roca, giró ágilmente el cuerpo y, en un segundo, desapareció tras el abanico de espuma. Víctor le imitó y detrás entraron Laly y Rafa. Rebasada la angostura de la boca, el antro se ensanchaba en una caverna espaciosa, suelo y techo de roca viva, rezumante de humedad. El estruendo de la catarata se hacía más sordo allí. Al fondo, se divisaban las sombras torturadas de las estalactitas y, en las oquedades del suelo, huellas de fuego y, en torno a ellas, diseminados, troncos de roble a medio quemar, pucheros desportillados, latas vacías y unas trébedes herrumbrosas. Rafa paseó su mirada en derredor y sus ojos terminaron posándose en la hendidura de acceso, tras la cortina de agua, a través de la cual se filtraba, tamizada, la claridad de la tarde. Le dijo al señor Cayo:

—Vaya un escondrijo más cojonudo, oiga. Aquí no hay dios que le encuentre a uno.

El señor Cayo, en la penumbra, parecía más corpulento. Asentía mecánicamente con la cabeza. Dijo:

—Cuando la guerra, ¿sabe usted?, de que asomaban los unos o los otros, el vecindario se refugiaba aquí. Al decir de los entendidos, que yo en esto no me meto, no es fácil fijar la línea de trincheras en estas quebradas, ¿entiende?

De forma que hoy estaban aquí los unos y mañana los otros. El cuento de nunca acabar.

—Y se metían con ustedes, claro —apuntó Víctor.

—Mire, tal día como el 18 de julio, al Gabino, que hacía las veces de alcalde, le pegaron cuatro tiros arriba, orilla del camposanto. A la semana, día más día menos, se presentaron los otros y le pegaron cuatro tiros al Severo que había sido alcalde hasta el año 31. ¿Quiere usted más?

—O sea, que no sabían a qué carta quedarse.

—¡A ver! De forma que una tarde, don Mauro nos juntó a todos en la iglesia y nos lo dijo, o sea nos dijo: «Hay que poner centinelas en los tolmos y, tan pronto asome un miliciano, todos a la cueva de las Crines.» Y dicho y hecho, oiga. Metimos avío aquí y de que se veía bajar o subir un soldado, ¡todos adentro!

—¿Niños y todo? —dijo Víctor, antes que por afán de puntualizar por tirarle al viejo de la lengua.

—Todos, no le digo, hasta los perros, si es caso el ganado —sonrió—. Algo había que dejarles, ¿no?

—Pero, ¿no lloraban los niños? ¿No alborotaban?

—Dejarían de alborotar. Las criaturas son criaturas, ya se sabe. Pero lo que es aquí ya puede usted tirar un cañonazo que arriba ni se siente.

Laly se cogió los hombros, cruzando los brazos sobre el pecho, como si sintiese frío. Rafa, con un fósforo en la mano, curioseaba entre las estalactitas. Dijo Laly:

—Y, ¿cuánto tiempo llegaron a estar encerrados?

—Según —respondió al fin—: la vez que la echamos más larga, un par de semanas.

—Dos semanas aquí dentro, y ¿qué hacían?

—Pues, ya ve, los vasos y la partida, como una fiesta. Y ahí, orilla esa laja, donde está el señor, el Rosauro no hacía más que tocar la flauta, que buena murga nos daba.

—Y, ¿cuándo salían?

—Aguardábamos a que el Modesto diera razón. El pastor; ¿sabe? ¡Buen espabila era ese! Por las noches, salía de descubierta y, luego, volvía y decía, pues, están en casa del uno o están en casa del otro, según, lo que fuera. Hasta que un día llegaba y decía: «Venga, arriba, ya se largaron», y, entonces, todos a casa, ¿comprende? Y así hasta que otro día don Mauro volvía a dar tres repiques cortos y uno largo, que era la señal, y otra vez a la cueva. Esto duró si no me engaño, hasta bien metido setiembre que se armó el frente definitivamente ahí arriba, en los Arcos, y, entonces, montaron un hospital de urgencia en la parroquia, que me recuerdo que fue un enfermero de ese hospital el que despatarró a la Casi, para que me entienda, la hija del Paulino, que eso no lo olvidó el hombre.

—Ese don Mauro de que tanto habla sería el cura, ¿no?

—El párroço era, tal cual, sí señor. Alto y seco como un varal, con las gafas así de gordas, allí le vería —el señor Cayo posó sus ojos nostálgicos en los de Víctor—. Por aquellos entonces, en el pueblo había un cura fijo, ¿sabe?, y a falta de alcalde, él hacía las veces, natural.

Se fijó en Laly que tiritaba:

—Pero vamos arriba —dijo—. Aquí tiene frío.

XI. LABORIOSIDAD

El amor a la tierra, al que ya hemos aludido, proviene seguramente del hecho de que el campesino castellano ha dejado literalmente su vida en los surcos. Su tierra forma parte de sí mismo, se mira en ella; hay en esa actitud una suerte de narcisismo. Para él no es lo mismo un cavón que otro cavón, ni la puesta del sol tras el cerro desde una perspectiva que desde otra perspectiva. De ahí su resistencia tozuda a cambiar de fincas. En el caso de las permutas que exigía la concentración parcelaria se tomó por interés —que tal vez existió en algunos casos— lo que era más bien sentimentalismo. No se trataba de ganar o perder en la calidad de la tierra sino de la familiaridad con ella, del hecho de haber llegado a integrarse en ella en una comunión entrañable y, lógicamente, a ver como bueno —con frecuencia como lo mejor— lo que no era más que regular y, en ocasiones, malo. Hay que tener en cuenta que el viejo campesino desde la siembra en octubre, con el primer tempero otoñal, hasta la recolección en agosto, bajo la violenta canícula estival, visitaba su predio a diario, lo araba, lo aricaba, lo limpiaba de malas hierbas, rogaba al Santo para que una helada tardía o un nubazo intempestivo, no malrotara el trabajo de todo un año. En una palabra, vivía en, de y para su tierra, en una entrega total, sin limitación de esfuerzos ni de tiempo. Y esto ha sido así durante siglos hasta que las máquinas han dulcificado las labores y han quebrado aquella comunión.

Los historiadores nos dicen que de los pueblos que en la antigüedad fueron ocupando España —iberos, celtas, romanos, etc.— apenas asentaron en Castilla las tribus más sufridas y esforzadas, es decir, las menos. Las preferencias de los ocupantes fueron siempre por el litoral o las regiones meridionales, de clima más benigno y perspectivas más halagüeñas. Esto explica el hecho de que el castellano, antes de serlo, antes de existir Castilla como tal Castilla, sea, desde origen, un ser austero, laborioso y tenaz. Es incuestionable que en las nuevas generaciones, hechas al tractor y la cosechadora, el panorama ha variado, pero el viejo campesino que aún sobrevive en las tierras altas, continúa aferrado a las costumbres tradicionales, no concibe las nuevas normas de racionalización del trabajo, ni tiene para él ningún sentido el hecho de que el hombre, llegado a determinada edad, tenga que sentarse a descansar. El señor Cayo, tantas veces citado, arquetipo del castellano viejo, ante el estallido de cólera de Laly, su visitante ocasional, al verle coger la azada a los 83 años, responde con toda naturalidad: «¡Toó! y si me quita usted de trabajar el huerto, ¿en qué quiere que me entretenga?» El campesino no concibe otra cosa, no comprende, por ejemplo, la justicia de una jubilación retribuida. Su vida y su razón de ser es la tierra, trabajar la tierra, sudar la tierra, morir sobre la tierra y, al final, ser cubierto amorosamente por ella. Mi narración «Los nogales», del libro Siestas con viento sur, *constituye, en cierto modo, una adecuada ilustración de lo que digo:*

Aquel año los nogales empezaron a cucar en la primera quincena de agosto. Era un fenómeno prematuro, casi insólito, y a Nilo, el joven, le placía tumbarse a la sombra de los viejos árboles a escuchar los livianos chasquidos, que eran, sencillamente, como una entrañable crepitación. A Nilo, el joven, le adormecían los imperceptibles crujidos del campo. Nilo, el joven, entendía que la obra de Dios es perfecta y que la mano del hombre, al entrometerse, no hace sino estropear las cosas; precipitar y romper el curso preestablecido. A Nilo, el viejo, la actitud pasiva del hijo le removía los humores.

—Habrá que hacer el apaleo antes de que entren los chicos y nos roben las nueces —decía, y desviaba la mirada, porque los ojos vacuos y como hambrientos de Nilo, el joven, le remordían.

Nilo, el joven, no se inmutaba. Hablaba fatigosamente, dificultosamente, porque tenía rasgado el velo del paladar.

—Eztán cucando ya, padre. Nozotroz no zabríamoz hacerlo mejor que Dioz; ezo decía el maeztro.

Nilo, el viejo, se reclinaba a su lado.

—Los pájaros ratoneros andan todo el tiempo bajo los árboles, para que lo sepas. Y Dios no quiere que los pájaros ratoneros se coman las nueces de Nilo, ¿oyes? A este paso no cogeremos ni tampoco veinte fanegas.

Nilo, el viejo, no ignoraba que la obra de Dios es perfecta y el ciclo completo. Nilo, el viejo, sabía, asimismo, que el concho reseco por el sol terminaría abriendo y la nuez se desprendería del árbol sin el menor esfuerzo de su parte. Nilo, el viejo, sabía igualmente que la mejor navaja del mundo no escucaba tan limpia, tan concienzudamente como el sol. Mas Nilo, el viejo, sabía no menos que de no entrometerse ellos para apalear los árboles, se entrometerían los rapaces del pueblo y los pájaros ratoneros y los cariedones y las ardillas y, en tal circunstancia, los nogales dejarían de rendir.

Acababa de cumplir los ochenta años y en el pueblo le mostraban a los forasteros como un símbolo de la sanidad del lugar. Nilo, el viejo, conservaba unos arrestos de vitalidad sorprendentes; la dentadura, la vista y el oído los tenía completos; sus sentidos eran indiscretamente sensibles como los de una alimaña. Por contra, las piernas apenas le sostenían ya. Cincuenta años atrás soñó con un hijo, pero la Bernarda —Dios sabe por qué— les paría para morir al poco tiempo. Ninguno sazonaba. Ella decía:

—Si no les cambias el nombre no se nos logrará nunca. Es por el nombre.

Él insistía; le decía al cura, tercamente:

—¡Nilo! ¡He dicho Nilo!

—Nilo, ¿qué?

—Nilo; eso.

—¿Como el otro?

—A ver. Si yo quiero un hijo es para que se llame como yo.

Alimentaba unas ideas confusas sobre la legitimidad ostentosa de la descendencia. Un hijo no se demostraba por exhibirle aferrado al pecho materno, sino por su nombre. Llamarle Juan, Pedro o José, constituía una especie de renuncia tácita a la paternidad. El apellido no contaba en el pueblo.

—No te pongas burro, tú; este se llamará de otra manera. ¿O es que quieres que se nos muera también?

—¡Nilo! —insistía él, obcecado—. ¡He dicho Nilo!

—¿Y si se muere?

—Lo enterramos y en paz.

Y nació Nilo, el joven, tan esmirriado y deforme que el doctor le depositó, sobre una arpillera, en un rincón, para atender a la madre que se desangraba. Pero Nilo, el joven, comenzó a respirar por su cuenta. Al concluir con la Bernarda, el doctor sacó al crío a la pieza inmediata y anduvo un rato auscultándole. Finalmente, dijo que era mongólico y que no viviría ni tampoco veinticuatro horas.

Llegó el cura y dijo que iba a bautizarle:

—¿Cómo le ponemos?

—¡Nilo!

—Mira que este no te aguanta ni un par de horas.

—Y si vive, ¿qué?

—Tú eres el amo de la burra, hijo. A mí tanto me da llamarle Pedro como Juan.

Y le pusieron Nilo, y el doctor aconsejó que no se le

mostrasen a la Bernarda, porque podría asustarla su conformación y que le dijeran que había muerto.

Nilo, el viejo, se fue a la taberna. A la hora volvió.

—¿Ha muerto ya?

Braulia, la Simpecho, sostenía al crío con un poco de aprensión.

—Cada vez respira más recio el condenado —dijo.

—¡Vaya! —dijo Nilo, el viejo, y regresó a la taberna. Estuvo bebiendo hasta las doce; al cabo, bajó donde la Braulia:

—¿Qué?

—Ahí le tienes. A ver qué haces con él; yo tengo que acostarme, ya lo sabes.

El crío berreaba.

—Tiene hambre —dijo Nilo—, pero su madre no le puede poner al pecho; yo le dije que estaba muerto.

Permaneció un rato sentado en un taburete, pasándose insistentemente los dedos por su cabello enmarañado. Dijo, al fin:

—¿Tienes leche de cabra?

—Sí.

—Córtala con agua y dale unos buches.

—¿Y si se muere?

—Ya contamos con eso, ¡anda!

El crío tomó el alimento y se quedó plácidamente dormido. A Nilo, el viejo, en esta circunstancia, le parecía casi hermoso.

—No es feo, ¿verdad?

—Se te parece —dijo la Braulia.

Nilo, el viejo, experimentó por dentro como una ebullición. Dijo al cabo de un rato:

—Quédatelo hasta mañana. Si berrea, le das más leche.

La Bernarda se quejaba cuando él entró en la choza. Le dijo:

—Todo el tiempo se me hace que llora un niño.

—Es la gata de la Simpecho. Cualquier día le voy a pegar un palo que la voy a deslomar.

Ella no se conformaba:

—La gata de la Simpecho no tiene por qué andar en celo ahora —añadió—. No es tiempo.

Dijo él:

—A dormir, mañana será otro día.

Pero Nilo, el viejo, sabía que no podría dormir. También ella daba vueltas y más vueltas sobre el jergón de paja, desazonada:

—¿Cómo era? ¡Di!

—¿Quién?

—El chico.

—Talmente como los otros, sólo que muerto.

—¡Oye!

—¿Qué?

—¿Cuántos Nilos tenemos en el camposanto?

—Cinco, sin contar este.

—¡Anda! ¿Y a qué ton no vas a contar este?

La Bernarda se incorporó de golpe:

—¡Escucha! No es la gata de la Simpecho eso; te digo que no lo es.

—No oigo nada.

—Ahora se ha callado, pero te digo que era un niño.

Se sobresaltó de súbito:

—Oye, ¿no le habréis enterrado vivo a la criatura?

—¡Vaya! —dijo Nilo, el viejo—. No pensarás darme la murga toda la noche.

—Oye.

—¿Qué?

—Va a decir el alcalde que ocupamos toda la tierra del camposanto y que esto no es justo. ¿No van a protestar los demás?

—¡Que protesten!

—Qué bien se dice eso. ¿Y si nos suben la contribución?

—¡Que la suban!

—¿Y con qué vas a pagar?

—¡Que la suban!

—Seis nogales no dan ni tampoco para un pedazo de pan; mejor lo sabes tú que nadie.

—Bueno.

—Oye, Nilo. ¿Sabes lo que te digo?

—¿Qué?

—Que la gata de la Simpecho no tiene por qué andar en celo ahora. No es tiempo.

—¿Callarás la boca?

—No me estás engañando, ¿verdad?

A la mañana, el doctor se mostró sorprendido. Dijo la Simpecho:

—Cada vez respira más recio el condenado.

Luego se volvió a Nilo, el viejo, y le dijo que podía llevarse el crío donde quisiera, porque ella no lo aguantaba más. Entonces, Nilo, el viejo, se quedó mirando para el doctor, esperando que decidiese. El doctor auscultó al niño y dijo que, efectivamente, el corazón parecía fortalecido.

En el pueblo ya se sabía que Nilo, el viejo, había tenido un chico desgraciado y no hacía más que llegar gente donde la Braulia.

—¿A ver?

—¡Mira, que le vais a quitar hasta el nombre de tanto mirarle!

—¡Jesús! ¿Cuántas manos tiene?

—Ocho de cada lado, ¡no te amuela!

—Hija..., ni que fuese tuyo.

La primera noche despertó en la Braulia un esponjoso e intransigente sentimiento maternal. Al fin de cuentas, la leche de su cabra era como su propia leche.

Observó la facha lastimosa de Nilo, el viejo, que enseñaba el trasero por un roto del pantalón. Le dijo:

—Viejo, llégate donde la Bernarda y dile lo que ha pasado. Si el día de mañana ella se enterase no te lo perdonaría.

Nilo, el viejo, vaciló.

—No me atrevo —dijo.

—¿No te atreves?

—No.

—Iré yo —dijo la Braulia.

Al regresar de casa de la Bernarda, la Braulia parecía difunta.

—Ha muerto —dijo vagamente. Y, de pronto, se puso a reír, y a llorar, y a rechinar los dientes, y a decir a voces que la Bernarda estaba tiesa sobre la cama.

Nilo, el viejo, tuvo que vender la última parcela para criar a Nilo, el joven; se quedó sólo con los nogales y las colmenas. La Bernarda descansaba ya en el camposanto junto a los cinco hijos malogrados. En Nilo, el viejo, se desarrolló una solicitud puntillosa. Cada día consideraba los seis hermosos nogales, y luego, volvía hacia el hijo unos ojos luminosamente esperanzados. «Él tiene que vivir para atender esto», se decía.

Por entonces, Nilo, el viejo, era ya el mejor apaleador de la comarca. Los importantes terratenientes le avisaban para apalear los árboles y escucar las nueces. Sus competidores marrotaban las ramas y dejaban los frutos llenos de broza. Nilo, el viejo, denotaba una habilidad innata para el oficio: buenas piernas y dedos expeditivos. Él pensaba: «Las piernas importan tanto como los brazos. Estos no rinden más que lo que las piernas sean capaces de aguantar. Ese es el secreto.» Era el secreto y él se lo reservaba. Algún día, pasando el tiempo, se lo confiaría a Nilo, el joven. En un rincón de la choza guardaba un juego de varas, de diferentes grosores, para el apaleo. Para ser el mejor escucador de la región le bastaban su navaja roma y mellada y sus prodigiosas manos. Cuando salía lejos, llevaba consigo al pequeño Nilo en una sera y a mediodía y al caer el sol le daba unos buches de leche de cabra mezclados con agua. Después lo depositaba cuidadosamente junto al tronco y la criatura dormía incesantemente.

Cuando el chico tuvo edad de fijarse en las cosas, su padre solía decirle:

—Nilo, hijo, atiende a la faena; has de aprender el oficio. Tu vida es esto.

Mas cuando Nilo, el viejo, desde la copa del árbol

descubría al pequeño entre el follaje, este dormía, totalmente ajeno a sus movimientos.

A los tres años, Nilo, el joven, aún no se andaba; se
desplazaba a cuatro patas. Tampoco sabía hablar. Si se le
apremiaba mucho decía, mediante un esfuerzo, «ba, ba»,
pero nada más. Nilo, el viejo, le disculpaba diciendo que
no tenía relación con gente y él, para apalear nogales,
escucar, comer y dormir, no necesitaba pronunciar palabra, pero que el chico era inteligente y esto ya lo verían
todos con el tiempo. Mas en el pueblo aseguraban que
Nilo, el joven, además de paladar rasgado tenía poca
sangre por la sencilla razón de que no hacía más que
comer y dormir.

A los siete años, Nilo, el joven, dijo «pan». A los diez
ya empezó con lo de los picores en los pies. Por entonces,
los pico-relinchos agujereaban las colmenas de Nilo, el
viejo, y le devoraban la miel y los enjambres. Como el
chico no mostraba inclinación al apaleo, el padre pensó
que aún era pronto y le enviaba a vigilar las colmenas en
la loma de los pinos, mas, al atardecer, cuando se llegaba
a recogerle, le encontraba indefectiblemente dormido sobre la tamuja.

Alguna noche, Nilo, el viejo, echado sobre las pajas,
con la luz de la luna en el ventano, hablaba con el hijo:

—Apalear nueces es un hermoso oficio, Nilo. Desde lo
alto de los árboles ves el mundo como Dios.

En la penumbra, el chico le miraba con sus vacuos y
como hambrientos ojillos oblicuos. A veces decía: «No
blazfeme, padre», pero ordinariamente, guardaba silencio. El viejo proseguía:

—Hace años yo era rico, ¿sabes? Tenía una casa de
verdad y una cama de hierros dorados y dos obradas de
huerta además de las nogalas y las colmenas. La piedra
vino tres veranos seguidos y tuve que vender. Yo me dije:
«Mientras conserve las piernas para trepar a los árboles y
las manos para escucar nueces, todo irá bien.» Y así lo
hice. Entonces me vine a vivir al pie de los árboles y
construí esta cabaña. Al principio le puse tejado de carri-

zos, pero con las lluvias y el sol se pudría y pasaba el agua.
Pero fui y me dije: «He de encontrar una paja que no se
repase.» Y di con la totora. En el pueblo nadie la usaba
entonces para techado. Así, mientras las piernas aguanten
podemos tirar, pero para cuando eso ocurra tú, que eres
fuerte, debes aprender el oficio. No te vayas a pensar que
eso de apalear los árboles lo sabe hacer todo dios.

Permanecía un rato en silencio, con los dedos entrecru-
zados bajo la nuca, observando el perfil de un nogal recor-
tado sobre la luna. De pronto, sentía crujir la paja bajo sus
cuerpos.

—¿Ya te estás hurgando en los pies?

—Pican, padre.

—Déjalos que piquen; si te rascas, estarán picando hasta
mañana.

Nilo, el viejo, volvía a la carga. Le asaltaba una difusa
previsión de que su hijo y los nogales eran dos mundos
inconciliables, pero no se resignaba a admitirlo. Si él in-
tentaba estimularle el chico se dormía. Luego, cuando
Nilo, el joven, fue a la escuela, aprendió a decir:

—El maeztro dice que laz cozaz de Dioz eztán bien
hechaz.

Nilo, el viejo, trataba, resignadamente, de inculcarle
unos someros conceptos de la pérdida del respeto a la
propiedad ajena y de los peligros de la ociosidad, pero
Nilo, el joven, no parecía comprenderle.

Una primavera faltó el pan en la cabaña y Nilo, el viejo,
le dijo a Nilo, el joven, que era preciso trabajar. Nilo, el
joven, consideró las ofertas del padre y se decidió por
espantar los pájaros de las tierras del alcalde. A los dos
días, el alcalde halló a Nilo, el joven, tendido sobre el
ribazo, dormitando. Una picaza se balanceaba confiadamente sobre su hombro. Fue entonces cuando Nilo, el
viejo, se convenció de que el día que fallasen sus piernas
todo habría fallado y los seis nogales que él golpeaba
metódicamente cada verano constituirían una decoración
sin sentido.

En otra ocasión, Nilo, el viejo, sorprendió al hijo po-

niendo unas tripas en sal. Se quedó sin habla, ilusionado.
Al fin, dijo:

—¿Saldrás a cangrejos?

—Ezo pienzo.

—He oído que en las revueltas hay muchos este año.

—Ezo dicen.

Nilo, el joven, tenía la cabeza grande, los ojos oblicuos
y rasgado el velo del paladar. Al regresar de la faena, la
cabaña exhalaba un hedor insoportable. Las tripas se pudrían en un rincón y pudrían la malla de los reteles:

—¿Pescaste muchos?

—No zalí, padre: pican loz piez.

—¿Otra vez?

—Pican ziempre.

Cuando Nilo, el viejo, cumplió los setenta, cesó de
apalear los árboles ajenos y únicamente, de vez en cuando,
le llamaban para escucar nueces.

Sus manos, a pesar de los años, seguían precisas y
rápidas. En pocos minutos, docenas de nueces, mondas
como pequeños cráneos, se apilaban a su derecha, y un
montón de conchos, apenas magullados, a su izquierda. El
concho se empleaba luego para abonar las berzas y los
espárragos. Mas Nilo, el viejo, continuaba trepando, al
caer octubre, a sus seis nogales y los apaleaba con método
y pulcritud, procurando vaciarlos sin herirlos. Si alguna
rama celaba sus frutos, él la respetaba. Nilo, el viejo,
siempre pensó de los árboles que tenían sus sentimientos.
Experimentaba hacia ellos un amor entrañable. Del campo ascendía el aroma doméstico de las alholvas y su viejo
pecho se esponjaba; mas, inmediatamente, se deprimía
pensando en el hijo inútil. Después, al caer el sol, escucaba
los frutos y, a la amanecida, los tendía amorosamente en
la solana y les daba vuelta cada dos horas. Eran nueces
mollares, pajariteras, que se cotizaban en el mercado;
apenas tenían brizna y los escueznos eran rígidos y sabro-
sos. Mas, en ocasiones, observando la glotona actividad de
los pájaros ratoneros, Nilo, el viejo, hubiera deseado po-
seer frutos de costra dura, impenetrable. Cada verano

trataba de sacudir la inercia del hijo, despertar en su
pecho una tibia vocación. Cuando se hallaba en lo alto de
los nogales, con ambas piernas engarfiadas en la rama y
la vara enhiesta sobre su cabeza, presentía que un día u
otro sus miembros dejarían de responderle, y los rapaces
y las ardillas, y el cariedón, y los pájaros ratoneros, des-
truirían la cosecha ante su mirada impotente. Era esto una
obsesión, y a toda costa anhelaba asegurar el futuro:

—Nilo, hijo, ¿me ayudarás mañana en el apaleo?

Nilo, el joven, enfilaba indolentemente hacia él sus
hambrientos ojillos oblicuos:

—Laz nuecez eztán cucando ya, padre: Dioz hace laz
cozaz. Ezo decía el maeztro.

Respondía, Nilo, el viejo, desoladamente:

—Dios no quiere que los chicos del pueblo y las ardillas
y los pájaros ratoneros dejen a Nilo sin nueces, ¿comprendes? Si las nueces llegan al suelo no cogeremos ni tampoco
diez fanegas. Eso no puede quererlo Dios, por más que
diga el maestro.

Las nueces de los seis nogales, perdidas ya las colmenas, constituían su subsistencia. En ocasiones Nilo, el viejo, evocaba a la Bernarda con un vago resentimiento: «Me
dejó esto y se largó. No quiso ni tampoco conocerle», se
decía. Y le dolía pensar que sus piernas iban agarrotándo-
se poco a poco.

Con frecuencia, Nilo, el joven, sorprendía a su padre
con el astroso pantalón remangado contemplando atentamente los nudos, cada vez más deformados, de sus rodillas.

Demandaba compasivamente Nilo, el joven:

—¿Ez que le pican a uztez también laz piernaz, padre?

Por un momento los mortecinos ojos de Nilo, el viejo,
recobraban la esperanza:

—Pican, pican —decía—. ¡Vaya si pican!

Nilo, el joven, desviaba sus ojillos oblicuos hacia las
frondosas copas de los nogales.

—Habrá que vender entoncez, padre —añadía simplemente.

El doctor, cada vez que sorprendía a Nilo, el viejo, encaramado en los árboles, le reconvenía:

—Viejo, ¿no ves que no tienes ya edad de hacer estas cosas?

—¿Y quién si no, doctor? —respondía sumisamente.

—El chico. ¿Para qué lo quieres?

Desde la copa del árbol resbalaba un ahogado suspiro. Nilo, el viejo, sentía como si su rodilla deformada se le hubiera incrustado, de pronto, en lo más alto del pecho. Decía:

—El chico está inútil, doctor. ¿Qué demonios le sucederá en esos condenados pies, que no hacen más que picarle?

—¿Por qué no prueba de calzarse?

De lo alto del nogal, resbalando por las dulces ramas, descendía un nuevo ahogado suspiro:

—Esto no da ni tampoco para malcomer, doctor. Usted debería saberlo.

El doctor se alejaba:

—¡Ojo, viejo! No olvides que ya tuve que autopsiar a dos.

Nilo, el viejo, no lo olvidaba. Quintín jamás supo manejar las piernas y un día u otro tenía que matarse. Para ser un buen apaleador se precisaba tener las piernas tan fuertes, elásticas y dúctiles como los dedos de las manos. Quintín siempre fue torpe, y sobre torpe confiado. Por lo que se refiere a Chucho, el Malcasado, a nadie podía chocarle lo que ocurrió. Nilo, el viejo, se hartaba de decirle: «Para un apaleador, el vino sobra en octubre, hijo.» Pero Chucho como si cantasen, seguía subiendo borracho y golpeaba los árboles con torpe ensañamiento. Y un día, el nogal se encabritó como un potro y volteó al muchacho. Fue la Nely, la perra de la fonda, la que descubrió el cadáver y aullaba lo mismo que el lobo en los inviernos duros. Cuando Nilo, el viejo, acudió, todavía había savia fresca en el extremo de la vara. Las ramas más altas del viejo árbol estaban dolorosamente descarnadas.

Nilo, el viejo, había pensado mucho en ello durante los últimos veranos, particularmente las noches de luna, cuando su resplandor se adentraba por el ventano de la choza para importunarle el sueño. Nilo, el joven, roncaba a su lado con la boca abierta. Una noche, Nilo, el viejo, prendió un fósforo y aproximó la llama a la boca del hijo. Las colas del paladar roto, rojizas y vibrátiles como alas de un pájaro nuevo, se estremecían a cada inspiración. Nilo, el viejo, permaneció casi una hora contemplándolas, absorto. Cuando se acabaron los fósforos, se tumbó en las pajas y se dijo que ya sabía por qué Nilo, el joven, comía sin saciarse; por qué hasta sus ojos rasgados estaban siempre, inevitablemente, hambrientos.

Al cumplir los setenta y nueve, Nilo, el viejo, sentía aprensión de sus piernas. Así y todo, al vencer el verano, subió a los nogales y los apaleó. No obstante, sufrió dos calambres y, después de concluir con un árbol, se tumbaba al pie porque no conservaba energías para regresar a la cabaña. A menudo se dormía y soñaba que Nilo, el joven, en lo alto de los árboles, apaleaba las ramas sin fatigarse. Nilo, el viejo, le veía poderoso y desafiante como un arcángel; tal como él le había deseado. Con el relente de la madrugada, le despertaban las palomas zureando suavemente en los rastrojos. A Nilo, el viejo, le dolían de manera irresistible los muslos y las pantorrillas y los agujeros de los sobacos, pero trepaba de nuevo al árbol y, ya en la copa, permanecía unos instantes inmóvil, observando el primer vuelo de los pájaros. Conforme el día avanzaba, las piernas del viejo, torpemente engarfiadas sobre la rama, iban aflojándose paulatinamente sin que él aún lo advirtiese. Empero, Nilo, el viejo, presentía el fin. Y cuando aquel invierno se retrató al salir de la gripe, sabía que lo hacía por última vez. Y cuando dos días más tarde comprobó que sus piernas, claudicantes, apenas podían conducirle hasta el molino, se dio cuenta de que el fin había llegado. No le dijo nada al hijo, sin embargo, hasta más tarde.

Aquel año los nogales empezaron a cucar en los primeros días de agosto. Cada mañana Nilo, el viejo, desde la puerta de la cabaña, levantaba bandos de pájaros ratoneros que devoraban los frutos. Eran aves insignificantes, pero de una avidez desproporcionada. Nilo, el viejo, que siempre las había despreciado, aprendió a odiarlas. Comprendía que era llegada la hora del apaleo, mas sus piernas eran una ruina. Nilo, el joven, le sorprendía a veces con los pantalones arremangados hasta la rodilla, tomando el sol. Nilo, el viejo, pensaba que a estas alturas, solamente el sol podía obrar un milagro. Al verle en esta actitud, el hijo solía decirle:

—¿Pican, padre?

—Pican, pican —decía el viejo.

Nilo, el joven, se reclinaba entonces sobre él y le acariciaba amorosamente las piernas hasta quedarse dormido. Entre sueños, Nilo, el joven, sentía crepitar los conchos en lo alto y el levísimo impacto de las nueces al golpear el césped. Le placía en su semiinconsciencia ser testigo de la obra de Dios. Mas, cada mañana, Nilo, el viejo, apenas recogía dos docenas de frutos, la mitad de ellos minados por el cariedón y los pájaros ratoneros.

Una mañana, Nilo, el viejo, sorprendió a cuatro rapaces sacudiendo los árboles. Se llegó a la puerta, enajenado, enarbolando una vara y los chiquillos huyeron. El hijo dormía en la paja, y Nilo, el viejo, le despertó:

—Hay que subir —dijo—; no queda otro remedio.

—¿Zubir?

—A las nogalas.

—¿A laz nogalaz?

—Sí.

—El maeztro decía que laz cozaz de Dioz eztán bien hechaz, padre. Yo no quiero hacer un pecado.

—Escucha —dijo Nilo, el viejo—. Dios ordena no robar, y cuatro condenados rapaces andaban ahora sacudiendo los árboles. Si no subes hoy no cogeremos ni tampoco diez fanegas.

Nilo, el joven, le miraba estúpidamente, concentrando sobre la nariz del viejo sus pobres ojos rasgados.

—Zubiré —dijo al cabo de un rato—. Pero antez he de decírzelo al zeñor cura.

Al cuarto de hora regresó, tomó las varas y la manta en silencio, y se llegó a la puerta de la choza. Su padre le seguía renqueando. En el umbral se detuvo:

—No pegues por pegar —dijo—; a las nogalas hay que golpearles de tal forma que no sepan nunca si lo que les das es un palo o una caricia. Acuérdate del Malcasado.

—Zí, padre.

—Si no alcanzas alguna rama, déjala. Al árbol, a veces, le da por defender el fruto y si se lo quitas, la pagas, no lo olvides; es como la gata con las crías.

—Zí, padre.

A Nilo, el viejo, se le atropellaban los consejos en los labios. Nilo, el joven, se alejaba ya cansinamente hacia los árboles. El viejo levantó la voz:

—¡Nilo! —llamó.

Nilo, el joven, volvió la cabeza. Sostenía el juego de varas sobre el hombro derecho torpemente:

—Diga, padre.

—Escucha esto. A un buen apaleador le ayudan las piernas, más que los brazos. Este es el secreto, ¿comprendes? Los brazos nunca aguantan más de lo que las piernas sean capaces de soportar. ¿Entiendes? Nunca se lo dije a nadie.

—Zí, padre.

Cuando Nilo, el viejo, con su andar claudicante y su gozosa sonrisa, se encaminó, minutos más tarde, hacia los árboles, encontró a Nilo, el joven, tendido bajo el primer nogal, dormitando. No dijo nada, pero mientras extraía de bajo la cabeza del hijo el juego de varas, la sonrisa se le fue helando entre los labios hasta concluir en una pétrea mueca de muerto. La brisa esparcía el aroma de las alholvas y balanceaba suavemente las copas de los árboles.

Cuando Nilo, el viejo, comenzó a trepar, Nilo, el joven, sintió una vaga impresión de compañía. Más que dormir, sesteaba con una perezosa, invencible indolencia. El clic-clic, de las nueces al abrirse, el iterativo golpeteo de los frutos sobre el césped le arrullaba. No tenía fuerzas para levantar los párpados. Al sentir los crujidos de las ramas violentamente quebradas y el sordo impacto del cuerpo de Nilo, el viejo, tampoco se alteró. Todo encajaba dentro del elemental orden de su mundo. Vagamente intuía que también Nilo, el viejo, terminaría por desprenderse como cualquier fruto maduro. Adelantó su mano derecha hasta topar con el muerto e, instintivamente, acarició una y otra vez la vieja pierna sarmentosa. Dijo, sin abrir los ojos: «¿Pican, padre?» Mas como no recibiera respuesta, pensó: «Se ha dormido.»

Nilo, el joven, sonreía estúpidamente con el rostro vuelto hacia el cielo.

XII.   RENCILLAS Y BANDERÍAS

Si el hombre es un ser sociable por naturaleza, habrá que convenir que el castellano lo es en una modesta medida, esto es, menos que los demás hombres. El castellano rural propende al retraimiento, a la huraña, manifestación suprema del laconismo puesto que el huraño no sólo rehúye la conversación sino también la presencia. Y el castellano tiende a la misantropía aunque elementales exigencias de comunicación —el aldeano habita en pequeños caseríos, con contados lugares de esparcimiento— le pongan en contacto con otros seres, porque es un hecho notorio que pocos hombres, muy juntos y durante demasiado tiempo no es receta aconsejable para una armoniosa convivencia.

Esta confraternización ineludible, sin posibilidad de escape, que le fuerza a ver, día tras día, los mismos rostros y a escuchar las mismas palabras pronunciadas por los mismos labios, y subrayadas por unos mismos gestos, acrecen los defectos ajenos y generan, inevitablemente, inquinas y antipatías que se fomentan, luego, con la murmuración, una de las pocas maneras de llenar los ocios, fuera del sexo y del alcohol, que les quedan a estos seres olvidados.

Es, este, un proceso inexorable al que no pueden sustraerse otros hombres, intelectualmente más evolucionados y, consecuentemente, mejor pertrechados

contra el tedio, sometidos a un régimen de vida pro-
miscuo, lo que viene a demostrar que no se trata de
un defecto congénito sino promovido por circunstancias ambientales. Dionisio Ridruejo, en su hermoso
libro Cuadernos de Rusia, nos habla de sus frecuentes escapadas a la estepa helada para atenuar la
tensión que le producía la convivencia obligada, siempre estrecha y con los mismos compañeros, de la
chabola o la posición. En este caso, el problema se
planteaba entre hombres cultivados, lo que no impedía frecuentes discusiones que, a menudo, degenera-
ban en altercados. Resulta comprensible que este difícil equilibrio humano, trasladado a nuestros pueblos
y aldeas —los poblachones extremeños, manchegos y
andaluces por su alta demografía cuentan con otras
defensas— se haga aún más precario, en primer lugar
por la elementalidad de los protagonistas, y, en segundo, por la conciencia de que no se trata de una situación circunstancial y pasajera, como la guerra, sino,
si Dios no lo remedia, definitiva.

De otra parte está nuestro cainismo, el secular cainismo español, terrible herencia cuyos resultados más
dolorosos pudimos constatar los que hoy rebasamos el
medio siglo. Tal estado de tensión, de rivalidad larva-
da o de franco enfrentamiento, se da también en
nuestros pueblos, generalmente montado de manera
artificiosa —los del cerro contra los del llano, los de la
ribera contra los del interior— absolutamente carente
de base y más acentuado cuanto menor sea el número
de habitantes. El señor Cayo, a quien tantas veces he
apelado en estas páginas, comunica a los políticos que
le visitan que en el pueblo no quedan más que dos
vecinos, pero advierte: «Háganse cuenta de que si
hablan con ese, no hablan conmigo; de modo que
elijan.» Evidentemente estamos ante un caso extremo
pero representativo de un estado permanente de hos-
tilidad que se traduce en las villas más pobladas en la
existencia de grupos o banderías que dirimen sus di-

*ferencias en enfrentamientos mitad verbeneros, mitad
bélicos, pero ineluctablemente inciviles y con frecuencia cruentos, como esta cantea que recojo de la obra*
Las guerras de nuestros antepasados, *novela rural en
su primera parte, desarrollada en forma de diálogo
entre el médico de un sanatorio penitenciario y Pacífico Pérez, muchacho hipersensible y no violento, a
quien el entorno y el ambiente familiar empujan al
homicidio:*

Dr.—Bien, Pacífico, si no recuerdo mal anoche in-
terrumpimos la conversación en el asunto de la traída de
aguas. Es decir, el hecho de que el agua no subiera al
Otero, originó una pedrea con los del Humán, ¿no es así?

P. P.—Cabal, sí señor.

Dr.—Bueno, háblame de ello.

P. P.—¿De la cantea?

Dr.—Exactamente, de la cantea.

P. P.—Bueno, o sea, yo me enteré por el señor Del.

Dr.—¿Te informó el señor Del de la pedrea?

P. P.—Tal cual, doctor. Yo pasaba casualmente por allí,
por la taberna, digo, y me lo dijo. O sea, me dijo que
mandara razón a mi tío Paco, que la cantea de aquella
tarde iba a dejar memoria.

Dr.—Y ¿bajaste?

P. P.—Bajé, a ver, pero no fui donde mi tío Paco, sino
a casa.

Dr.—¿Por que razón no fuiste donde tu tío?

P. P.—Mire, liadas las cosas como estaban, era bobería,
¿no comprende?

Dr.—Tú sabrás; y en casa, ¿qué hiciste?

P. P.—Lo de siempre, ya ve. Me llegué donde el ruejo,
que allí andaban el Abue y el Bisa bajo la higuera.

Dr.—¿Les dijiste algo?

P. P.—¿Yo?, no señor. Ellos a mí.

Dr.—Y ¿qué te dijeron, Pacífico?

P. P.—Pues mire, por mayor, que si iba a ir a la tarde a
la cantea. Que yo me hice de nuevas, oiga, ¿es que hay

cantea?, y el Abue, ¡puñeta, pues no ha de haberla! ¿Ahora
te desayunas?

Dr.—¿Por qué te ríes, Pacífico?

P. P.—Nada, ya ve, las cosas. O sea, por el gusto de
porfiar, yo fui y les dije, que no me petaban las canteas.
Que allá vería al Abue, si a tu edad no te petan las canteas,
¿quieres decirme qué harás el día que seas soldado? Y yo
echándolo a barato, oiga, es por los lentes, Abue, me los
pueden escachar. Y, entonces, el Bisa empezó con el vai-
vén de la silla y me voceó: ¡peor es que te escachen la
cabeza, gandul!; has de ir a la cantea si no quieres que se
nos caiga la cara de vergüenza.

Dr.—Es decir, que por primera vez manifestaste en casa
tu espíritu pacifista, ¿no es así?

P. P.—A saber. Llámelo como quiera.

Dr.—Y ¿qué le respondiste al Bisa?

P. P.—Verá, le dije, está bien Bisa, iré a la cantea sólo
por no hacerles de menos. O sea, para que usted lo entienda, doctor, yo prefería la cantea en la cerviguera a la
guerra en casa.

Dr.—Lo comprendo perfectamente, Pacífico. Y ¿cómo
se desarrolló la pedrea?

P. P.—Mire, por lo común, las canteas terminaban mal
para nosotros, para los del Humán, quiero decir. Esa es
la derecha.

Dr.—¿Erais menos peleones, quizá?

P. P.—No se trata de eso, oiga, que a peleones allá nos
andaríamos. Lo que pasa es que ellos, los del Otero, digo,
andaban arriba, ¿entiende?, y los del Humán, abajo. Luego, por si fuera poco, los hielos cuarteaban el Crestón, la
roca, ¿sabe?, de forma, que ellos, los del Otero, tenían
munición en abundancia, mientras nosotros, si quita usted
la cascajera del Matayeguas, allá abajo, a desmano, no
teníamos de qué. Además, ellos tenían los contrafuertes de
la parroquia y las tapias del camposanto para aguantar,
¿comprende? Y si se echaban para adelante, la pimpollada
y el talud de la casa de don Alfaro. Y en el peor de los
casos, oiga, o sea, si las cosas les venían mal dadas, ellos,

los del Otero, digo, lo mismo desmontaban las rocas del
alto y las echaban a rodar monte abajo, que no vea, no
paraban hasta la Plaza, arrollándolo todo.

Dr.—La topografía les favorecía, vamos.

P. P.—Y de qué modo, oiga. Pero aquel día, el Agatángelo se había aprendido la lección, ¿entiende? O sea, de
mañana, ordenó apilar guijos todo lo largo de la cerviguera, montones de guijos, ¿se da cuenta? Así, que, conforme
empezamos, canto va, canto viene, el Teotista y su cuadrilla, los del Otero, vamos, se fueron arrugando y no para-
ron hasta ponerse al abrigo del camposanto.

Dr.—Y tú, Pacífico, ¿intervenías de una manera activa?

P. P.—Aguarde, doctor. Nosotros, como le digo, dale
que le das, que había que verle al Agatángelo despacharse
con la honda, oiga, cantos como huevos de gallina y ni
vérseles en el aire. Que yo a su lado, del Agatángelo, digo,
pues a ver, hacía lo que podía, ¿entiende?, que la verdad
es que nunca me dio por ahí. Pero el Agatángelo, así que
me vio desenvolverme, me dijo: tú no tiraste muchos cantos en tu vida, ¿verdad, Pacífico?, que yo, doctor, a ver, es
la primera vez que tiro cantos, y él, el Agatángelo, digo,
ya se conoce, ¿por qué no me los alargas a mí que aguan-
taríamos más?

Dr.—Y dejaste de tirar piedras para buscárselas a Agatángelo, ¿no es eso?

P. P.—Tal cual, sí señor. O sea, yo le alargaba guijos
bien pulidos para la honda y me tapaba con los pimpollos.
Que él, allá le vería, ¡rendíos, cacho cabrones!, a voces,
oiga. Y los otros, los del Otero, tal cual, ¡subid si os
atrevéis, hijos de perra!, el Teotista, ¿se da cuenta? Pero
trepábamos tan aprisa que yo brincaba de pino en pino
para no rezagarme, oiga. Así que ellos, los del Otero, digo,
ni tiempo de levantar las peñas. Que entonces es cuando
empezaron con las tapias del camposanto, a desarmarlas,
digo, que el Agatángelo, loco, ¿seréis capaces de dejar los
muertos al relente? Pero ellos ni caso, o sea agarraban las
piedras más gruesas, ¿comprende?, y las echaban a rodar,
que había que andar con ojo, oiga, que allá se iban ladera

abajo, dando tumbos, arrancando de cuajo los pimpollos tiernos. Y así las cosas, doctor, era bobería avanzar, o sea, imposible, ¿entiende? Que por el aquel del prurito todavía seguimos canteándonos una hora larga, hasta que el Teotista y el Agatángelo se cansaron, sacaron pañuelos blancos y que las paces. Y conforme ellos se iban a firmarlas, las paces, digo, yo agarré la trocha y me bajé para casa. Que me recuerdo que iba pensando, así para entre mí, ¿y para esto tres descalabrados y tantos destrozos?

Dr.—El Bisa te estaría esperando, ¿no es así, Pacífico?

P. P.—Allí mismo, oiga, a la puerta.

Dr.—Se sentiría orgulloso.

P. P.—¿Orgulloso? ¡Me río yo! O sea, así que me vio, de primeras, que si anduve en la cantea, que yo, que sí, a ver, natural, pero él salió entonces con lo de las tapias del cementerio, con que si no habían respetado ni a los muertos, que yo, es cierto eso, Bisa, y él, ¿tiraste muchos cantos, Pacífico?, que yo, la verdad, oiga, alguno tiré, Bisa, pero no acertaba. Y el Bisa se iba renegando, ¿comprende usted?, y así que le dije que había ayudado más que otros, que le alargaba al Agatángelo guijos del tamaño de reinetas para que los tirase con la honda, se puso como loco, que allí le vería.

Dr.—¿No le agradó tu comportamiento?

P. P.—¿Agradarle dice? ¡No quiera usted saber la que preparó, oiga! ¡Vitálico, Felicísimo!, voceaba, y no paraba con la silla, que el Abue y Padre acobardados, a ver, y él, el Bisa, digo, blanco como la pared, me señalaba con el dedo, ese, decía, por mí, ¿se da cuenta?, ¡ese ha ido a la cantea con los suministros! Y, en estas, oiga, se le torció la boca, y empezó a desbarrar: esestocoirmoaguelarrasinhersamagarneelsilfu, o sea, la copla de siempre.

Dr.—Su decepción significa que pese a los lentes aún pensaba en ti como un futuro héroe.

P. P.—A saber lo que pensaba. Lo único cierto es que me la guardó, oiga, y, a las primeras de cambio, se tomó la revancha. ¿Qué dirá que se le alcanzó al viejo, doctor?

Dr.—¿Qué, Pacífico?

P. P.—Pues arrimarme un cigarro a un mazo de cohetes el día de la fiesta.

Dr.—Y ¿te reventó en las manos?

P. P.—¡Mire!

Dr.—¡Qué barbaridad!

P. P.—Eso digo yo, oiga, qué barbaridad. Y don Alfaro preocupado, a ver, que eso de las quemaduras no es el qué, es el cuánto, decía, y el chico está de cuidado. Y allí, en la cama, me tiré casi un mes, que se dice pronto, que de principio no parecía, pero luego las bubas se me enconaron y la eché larga.

Dr.—Y ¿qué hacía el Bisa mientras tanto?

P. P.—Incordiar, ya ve, que no salía de allí, de la alcoba, digo. A veces pienso para entre mí que si armó esta avería fue por tenerme una temporada orilla suya y darme la murga con sus guerras.

Dr.—¿Volvió a hablarte de sus guerras?

P. P.—Ande, todo el tiempo, oiga, sin dejarlo.

Dr.—Y ¿qué te decía?

P. P.—Nada nuevo, mire, lo de siempre, que esta vez le dio por las cicatrices, ¿sabe? O sea, me decía, esto tuyo, no es nada, Pacífico, ¿se da cuenta? Y, entonces, se arremangaba el pantalón y me enseñaba la herida de la corva, mira, decía, una cuchillada en Murrieta; luego se abría la camisa y, un balazo de Sodupe, ¿entiende?, y así todo el tiempo. Que yo desganado, oiga, que las bubas me escocían y me sabía las cicatrices del Bisa de memoria, ya ve, de bañarle cada año en el pilón.

Dr.—Y ¿no volvió a aludir a la pedrea?

P. P.—A mayores, no señor, no la mentaba; o sea, directamente.

Dr.—Indirectamente ¿sí?

P. P.—Bueno, oiga, entiéndame. Él buscaba quitarme el miedo, ¿comprende? Que yo, al Bisa, le veía venir de lejos y lo que quería ahora era quitarle importancia a la bayoneta.

Dr.—¿Cómo importancia? ¿No querrás decir crueldad?

P. P.—Para el caso tanto da, doctor, vamos creo yo. El

Bisa iba a sacarme el susto del cuerpo, para que me entienda. Que él decía, por un ejemplo, tú no debes pensarte, Pacífico, que la bayoneta sea carnicera. O sea, talmente lo contrario de lo que me había dicho antaño, ¿comprende?

Dr.—Un cambio de táctica, vamos.

P. P.—Llámelo como quiera. El caso es que el Bisa lo echaba ahora a barato. O sea, él me decía, decía, la bayoneta es poco más que una inyección de la señora Dictrinia, Pacífico, ¿oyes?, un ojalito. Ahora, si otra cosa es tu gusto, tú puedes hacer que salte la mierda. ¿Comprende usted lo que le quiero decir?

Dr.—A gusto del consumidor, vamos.

P. P.—Más o menos, doctor.

Dr.—¿Y tú? ¿Qué le respondías tú?

P. P.—Pues se lo puede usted imaginar, doctor, sí Bisa, que no salía de ahí, a ver, para que callase la boca, que con las calenturas ya tenía bastante. Pero una tarde, según parlaba, se me fijó un dolor tal que así, o sea, sobre la parte, que luego me volvió, y Madre fue entonces y me puso faja, que no vea las bromas cuando la mili, a cuenta de ella.

Dr.—Y ese dolor que te dio ¿tenía alguna relación con las alusiones del Bisa a la bayoneta, es decir, por simpatía, como te dijo el cura una vez, o era cosa aparte?

P. P.—No señor. Yo me pienso que fuera un aire, pero a saber. Lo único cierto es que desde entonces, cada vez que agarro frío, me vuelve, ¿oye? Que no quiera saber lo que pené a cuenta de eso, cuando la chica con la que hablaba, me subía a Prádanos a quitarme los prejuicios.

Dr.—¿Es que tu novia trataba de quitarte los prejuicios, Pacífico?

P. P.—Ande, puede decirse que no hacía otra cosa. Bueno, para que me entienda, ella, la Candi, decía que habíamos heredado una sociedad hipócrita y que había que cambiarla de arriba abajo. Eso decía. Pero eso fue después, que para entonces, la abuela Benetilde ya se había colgado y la Corina, o sea, mi hermana, era el ama de la casa.

Dr.—Ahí quería yo ir a parar, Pacífico. ¿Cómo fue para colgarse tu abuela? ¿No era una mujer muy religiosa que incluso había vivido una experiencia mística?

P. P.—¿Qué quiere? Las cosas, ya ve. Pero algo debió de trascordarle la cabeza, oiga. Vamos eso pienso yo, que ni don Prócoro el cura, le negó tierra sagrada, ni nada.

Dr.—Pero, dime, Pacífico, algo diría la abuela para justificar su determinación, ¿no?

P. P.—Bien mirado, la abuela Benetilde, desde las bodas del trance, no decía ni pío, doctor. Si es caso, de Pascuas a Ramos, ese es bueno o ese es malo, y pare usted de contar. Los que decían pestes de ella eran los del Otero, que ni uno sólo, fíjese usted bien, ni uno sólo, o sea, ni por casualidad, asistió al entierro.

Dr.—Y ¿puede saberse qué es lo que decían de ella?

P. P.—Pues mire, para que se entere, lo más flojo, que era una bruja y que había que joderse con la mística esa, y que Dios Padre me perdone.

Dr.—Y ¿el cura? ¿No salió el cura al paso de esas infamias?

P. P.—Qué hacer, sí señor. A don Prócoro no se le puede culpar. Allí le vería en el funeral, oiga, que la carne era débil y que a la hermana Benetilde la habíamos ido suicidando todos un poco cada día durante cincuenta años. Y que si eso era fraternidad cristiana que bajase Dios y lo viese.

Dr.—¿Eso dijo?

P. P.—Tal cual, oiga.

XIII.   CAZADORES Y PESCADORES

Siendo la caza y la pesca las primeras actividades del hombre sobre la Tierra, nada tiene de particular que en nuestras sociedades rurales, tan primitivas, continúe siendo la predación una de sus notas características. El conocimiento del medio y de los seres que lo pueblan, así como de sus evoluciones y costumbres —sendas, pasos, huellas, excrementos— hacen de cada hombre de campo en Castilla, al menos en potencia, un cazador. Durante muchos años, este régimen competitivo entre el hombre y el animal silvestre que, como digo, constituye un rasgo general, encontró en nuestros pueblos un símbolo vivo, peculiar, racionalista, paciente y sabio, no exento de romanticismo —tal vez el romanticismo que hoy emana de todo lo anacrónico o, simplemente, anterior a la mecanización— que fue el cazador furtivo, ese hombre que vivía de y para la caza, que conocía los montes, trochas, sotos y páramos mejor que la cocina de su casa. La simple exposición de las taimadas artes de un cazador furtivo darían tema suficiente para un largo y amenísimo volumen. Yo he visto a un personaje de Belver de los Montes atrapar una pareja de perdices mediante dos lazos improvisados con las crines de su yegua. Tampoco es nueva para mí la figura del pastor desnucando con la garrota una liebre a la carrera. Este ser montaraz, lleno de encanto y sugestión, que yo he

*tratado de retratar, con diferencias de matiz, en los
personajes Juan Gualberto, el Barbas, de* La caza de
la perdiz roja, *y Matías Celemín, el Furtivo, de* Las
Ratas, *hoy por mor de un distinto concepto de la vida,
si que, también, por la presión, cada vez más organizada, de leyes y tricornios, va pasando a la historia
para ser sustituido —¡ay!— por la torva, alevosa, figura del furtivo motorizado.*

*No obstante, y pese a la deforestación sufrida por
Castilla, que provocó la desaparición de especies va-
liosas como ciervos, corzos, linces, etc., la baja densidad demográfica de la región, unida a su exiguo
desarrollo industrial, ha tenido la contrapartida ven-
tajosa de que en estos predios la contaminación no ha
alcanzado, ni con mucho, el nivel de otras regiones,
con lo que el deterioro ecológico ha sido, hasta el
momento, notablemente inferior. De este modo en
Castilla hemos conservado —se han conservado solos— aves, mamíferos, peces, que en otras latitudes
son ya casi un recuerdo, y entre esto y la nueva ley
de caza, que, en buena medida, ha venido a poner
esta en manos de los campesinos, resulta todavía familiar la vieja estampa otoñal del cazador, con el
perro a la vera, persiguiendo a perdices, liebres y
conejos, a través de perdidos y pegujales.*

*Otro tanto cabría decir de las aguas de nuestros
ríos, aún no mancilladas, que han hecho, especialmente, de la provincia de León, y de las zonas altas
de las de Zamora, Palencia, Soria, Burgos, Ávila,
Segovia, Logroño y Salamanca, viveros inapreciables
de salmónidos estimados en toda Europa. La caza
—controlada hoy por los ayuntamientos— y la pesca,
para los pueblos ribereños, sirven, por un lado, para
entonar la modestísima economía rural y facilitar, por
otro, tenues contactos con la sociedad urbana. Las
figuras del cazador y del pescador constituyen junto
con la del pastor y la del galgo —protagonista de un
bellísimo y deportivo sistema de caza poco practicado*

en el resto del país y en quien Ortega simbolizó la
horizontalidad de Castilla, siquiera su silueta afilada,
los costillares tensos como cuerdas de guitarra, cons-
tituya más bien la expresión viva de nuestra pobreza—
el ornato animado, mil veces repetido, de unos pára-
mos y navas que, sin ellas, se dirían desprovistos de
sujeto.

Mis pequeñas literaturas están prietas de cazado-
res, como podrá comprobarse en estas páginas entre-
sacadas de mi libro Aventuras, venturas y desventuras de un cazador a rabo.

Perdiz de invierno
(8 diciembre 1971)

Inevitablemente las perchas van menguando. Esta tarde
recordaba yo la insensata carta de un profano a una revis-
ta cinegética en la que sentaba afirmaciones tan ligeras
como esta: «No puedo menos de calificar de criminal y
alevosa la caza en los cotos, corrales donde la perdiz y el
conejo proliferan y pueden matarse con los ojos cerra-
dos.» ¡Hombre, hay cotos y cotos! Los más, demasiado
modestos como para que se pueda tomar en serio tan
huera palabrería. Hoy, por ejemplo, me gustaría a mí
haber visto al firmante de esta misiva en las cuestas de
Santa María. ¡Virgen, ocho piezas para cuatro escopetas!
Y eso, abriendo bien los ojos. A estas alturas, los rigores
del clima en Castilla no favorecen un pelo. Y el tiempo,
desde hace una semana, se ha puesto áspero, aunque sigue
sin llover, pero el viento racheado del noroeste, unido a
una mínima insolación, hacen del paseo por el campo, de
no cobijarse uno en sardones y pinares, un ejercicio mor-
tificante.

Esta mañana no había resguardo posible y nos tiramos
cinco horas ladera adelante bregando contra el viento a
brazo partido. Y las perdices —que, dicho sea de paso,
volaban muy recias y muy largas— no andaban en los

vallejos, ni en las vaguadas, ni en los abrigaños, como
suele ser usual los días revueltos, sino en los barbechos
—barbechos groseros, de terrón voluminoso— buscando
individualmente su nicho entre los cavones. A mí, que en
honor a mi pie fracturado, todavía renqueante, me correspondió faldear la ladera, me arrancaban los pájaros de la
nava, a doscientos o trescientos metros, nunca apiñados,
sino uno aquí, dos allá y otro en el esquinazo opuesto; en
una palabra, chorreaditos, con lo que, de no ser por su
escama, podría haber logrado un buen botín. Pero, ya, ya.
En diciembre, la perdiz mesetera sabe más que Lepe,
Lepijo y su hijo. Es pájaro matrero, a menudo con algún
perdigón en el cuerpo, que recela hasta de su madre. Por
esta razón quedé más que satisfecho con las tres patirrojas
que pendían de mi costado al regreso al coche, ya que se
trataba de aves suspicaces, trabajadas y difíciles. Una en
particular me ha dejado huella. El bicho trató de sortear-
me, considerándose a distancia de inmunidad, a cosa de
cien metros, raseando los terrones. Yo, antaño, a estos
pájaros tan díscolos, no los tiraba, pero aprendí de Julio
Moro. Un día en San Cebrián hace qué se yo el tiempo,
mientras reunidos en corro liábamos unos pitos, el amigo
Julio vio cruzar una perdiz volada de otros a una distancia
exorbitante, pero él, como por broma, se encaró cachazu-
damente la escopeta y dijo: «Voy a tirarla: no es fácil pero
algunas de estas caen.» Y dicho y hecho. La tomó los
puntos, adelantó, disparó y el pájaro quedó frito entre los
surcos. Desde aquel día, yo me he aficionado a tirar, no
largo, sino larguísimo, a las piezas que me ofrecen un
costado. Los flancos de la caza son mucho más vulnera-
bles que el trasero. No necesito aclarar que las más de las
veces mis disparos son música celestial, pura y vana cohe-
tería. Por eso mismo el exiguo porcentaje de aciertos,
como el de esta mañana, me hacen bailar en una pata. La
perdiz me vio de lejos y trató de eludirme volando bajo y
largo, mas yo me hice la reflexión de Julio Moro («difícil,
pero algunas caen»), me armé, apunté y disparé, pero ante
mi ineficacia, adelanté resueltamente, doblé, y la perdiz se

desplomó como un trapo. Pájaros como este, que tan poquitos entran en kilo, son de los que nos hacen hablar a solas en el campo.

Las otras dos perdices, si no fáciles, tampoco fueron de las que dejan memoria y, en cambio, se me fue una que me sacó el Choc sin avisar de las aulagas cimeras de un pequeño montículo de la que oí hasta el galleo. (El cazador, en general, por un inexplicable masoquismo, recuerda más a menudo la perdiz marrada a capón que la que colgó en azarosas circunstancias.) En resumen, derribé tres perdices apuradas y se me fue la facilona, paradoja conveniente para mantener recortada nuestra pequeña vanidad cinegética, propensa siempre a la desmesura. Y para completar tan parvo macuto paré un conejito que, cosa rara, me arrancó de la pestaña de una ladera furiosamente batida por el vendaval. A saber qué pintaba allí este gazapete despistado.

Con sorpresa advertimos que la Dina está preñada de nuevo. Desconozco la relación edad-fecundidad en los canes pero no tiene, creo yo, que diferir en lo sustancial de la de las personas. Y si para comparar las edades de unos y otros no hay más que multiplicar la de los perros por siete, resulta que la perrita, con sus ocho años a cuestas, viene a ser como una mujer que quedara encinta a los cincuenta y seis. La cosa parece excesiva, pero en fin... Charlamos con Beneite, el guarda del taller, y me asegura que el padre no puede ser otro que el Choc. Será digno de verse lo que sale de la mezcla. Puestos en lo justo, no sé qué puede esperarse de un padre perdiguero braco y una madre *setter* pura, por más que estoy cansado de ver perros eficaces en el campo que, por supuesto, carecían de *pedigree*. Y a la inversa, perros bien presentados y pura sangre que eran verdaderas nulidades. Lo que no estaría de más serían unos cachorros con la fuerza del Choc y la cabeza y la experiencia de la Dina.

Nuevo coto
(8 octubre 1972)

Con la temporada, estrenamos coto: Torre de Peñafiel, un rinconcito de 860 hectáreas entre los términos de Rábano, Laguna y Canalejas, lugar adusto, con laderones muy pinos, desnudos en su mayor parte y un piso de greda y guijo que hace arriesgada la andadura. Arriba está el páramo, muy abierto, sembrado de cereal y para tirar las perdices hay que echarlas antes abajo, a las cuestas, o, al menos empujarlas a las cinchas de espinos y tomillos que ciñen los tesos de la parte de Canalejas (en esta zona existe una falla profunda, cortada en precipicio y en cuyo fondo se alza un sorprendente bosque de olmos, arces y robles, lugar ideal para aguardar en el estío a la torcaz y a la palomilla).

Este verano, tras muchos cabildeos entre la cuadrilla, llegamos a la conclusión de que sin comer podemos vivir pero no sin cazar y, en vista del cariz —mal cariz— que tomaban los acontecimientos, determinamos meter un pliego en la subasta del Coto de Torre y nos quedamos con él. La topografía de la zona es muy perdicera (del mismo corte que la del Valle del Esgueva) pero la reserva está por hacer, esto es, no da la caza que podría dar, seguramente porque estos pagos han sufrido un duro castigo en los últimos años. Un dato lo confirmará: ayer, pateando el campo cinco escopetas de nueve de la mañana a dos y media de la tarde, no vimos una sola liebre. Esta prueba es para mí decisiva a la hora de determinar el grado de protección de un cazadero. El hecho de no levantar una rabona, dada la facilidad con que este animal se reproduce, revela que allí se le ha perseguido sañudamente, a sangre y fuego, en invierno y en verano, con galgos, escopetas, lazos y vehículos. De otro modo no tendría explicación este total arrasamiento ya que, incluso en los contados terrenos libres que quedan en la provincia, me juego doble contra sencillo a que cinco escopetas el día de la apertura, levantan, como mínimo, un par de liebres. Que lo hagan a tiro o fuera de tiro ya es otro cantar que depende, muchas veces, de factores imprevisibles. Entonces, como el término lo hemos tomado por seis años, habrá que empezar por *hacer* el cazadero, aspiración muy plausible pero que tiene sus inconvenientes, primero porque esto de los acotados resulta impopular (siete días después de colocar las tablillas ya nos habían arrancado una docena) y segundo, porque la pretensión de mantener un coto sin guardería es una pretensión ilusoria dado el bajísimo nivel cívico del país.

Hemos topado, sin embargo, con dos buenos amigos allí, Diógenes y Antonio, con quienes gestionamos el acotado, y como ellos tienen además derecho a la caza del término colindante de Rábano, trataremos de llegar a un acuerdo para tomar un guarda común. Entre unas cosas y otras, sin ser caro el coto en sí, el presupuesto se pone en un pico. Además, como la nueva ley ha dado a los campesinos la sartén por el mango, resulta que entre las cláusulas que hemos aceptado, figura la de que los cazadores del pueblo y los galgueros tendrán acceso a él, por supuesto sin desembolsar una peseta.

Otro problema es la disposición de los cotos de Rábano y Torre de Peñafiel, cinegéticamente absurda, ya que el páramo de Torre desemboca en la ladera de Rábano y si los de Rábano no pueden sacar las perdices de nuestros altos, su mano por la ladera resultará estéril, mientras que nosotros difícilmente podremos meter mano a las perdices del páramo sin matadero adonde llevarlas. La solución —y a ella tendemos— sería fundir a efectos cinegéticos uno y otro coto, limitando los días de caza para los de fuera y dejando en libertad (por descontado sin abonar una gorda) a los indígenas de uno y otro pueblo. Ya veremos qué sale de todo esto.

Ayer, para empezar, desconociendo el terreno y las querencias, no hicimos otra cosa que dar palos de ciego. A las perdices de Torre, que no parecen excesivas, hay que estudiarlas, como hay que estudiar la topografía para decidir la mejor manera de trastearlas hasta conducirlas a un terreno propicio para su dispersión y fogueo. Yo sospecho que ayer lo hicimos mal y para acabar de arreglarlo, los *tres cazadores* del pueblo que nos habían anunciado se convirtieron en treinta (muy posiblemente se nos colaron cuadrillas furtivas, pero sin guarda y sin conocer todavía al personal, ¿qué podíamos hacer?) de manera que en ochocientas hectáreas no podíamos ni rebullirnos. Y el caso es que para mí la cosa no empezó mal, ya que apenas llevaba caminando un cuarto de hora cuando eché abajo un sisón que me arrancó en un barbecho. El tonto se había dormido y voló hacia atrás a no más de veinte metros, tan cerca que me llenó el ojo de plumas y, aunque lo toqué, marré el primer disparo para derribarlo del segundo. Hacía lo menos doce años que no tumbaba un sisón. Los últimos, si la memoria no me falla, en doblete, en los páramos de Villafuerte de Esgueva. Desde aquel día no he dejado de verlos, tanto en Villa Esther, orilla de Toro, como en Villanueva de Duero, que es pájaro gregario este, sumamente suspicaz, y meterle mano cuando divaga en bando es tarea peliaguda. Y hablando de sisones, recuerdo la concentración fabulosa que sorprendimos una tarde —¿hará quince años?— en los campos que circundan el Monte Morejón, en Riego del Camino (Zamora). ¿Cuántas aves habría allí? Con seguridad, decenas de millares. Aquello era como una pedriza donde en lugar de cantos hubiera sisones. La tentación fue tan fuerte que, conociendo su escama, armamos una escopeta y nos metimos en medio del bando con el coche. Pues se crea o no se crea, mi amigo Antonio Merino, tirador excelente, no acertó a derribar ninguno. El alarmado siseo de su puesta en marcha, el hecho de que le arrancaran a un palmo de sus narices y en tamaña cantidad, unido a la angostura de la ventanilla, le atarantaron y Antonio —asombrado él mismo y echando pestes por la boca— se quedó sin cortar pluma.

Lo antedicho explica que inaugurar la temporada 1972-73 con ave de tanto bulto y tan desacostumbrada, me proporcionara una gran satisfacción, satisfacción que acreció cuando, minutos más tarde, en los morros que encaran Canalejas, colgué un par de perdices, la una levantada por mí y la otra, de pico, revolada por mi hijo Juan, en un tiro precipitado, nada fácil.

O sea, a los tres cuartos de hora de iniciar el curso cinegético, yo había logrado tres piezas de tres intentos. ¿Qué pudo suceder luego para que tras más de cuatro horas de patear laderas y perdidos mi morral no aumentara? De todo un poco: la cuadrilla de galgueros que abusivamente nos cruzó la mano, la pareja de escopetas que irrumpió de la derecha y nos comió el terreno, mis propios errores en las tres nuevas oportunidades que se presentaron y, finalmente, yo atribuiría su parte de culpa al calor excesivo, pegajoso, que me provocó un derrumbamiento prematuro, cosa que está lejos de sucederme los días de helada. Pero, ante todo, fue la presencia de otros cazadores lo que nos forzó a volver sobre nuestros pasos, quebrar el sistema inicial e improvisar sobre la marcha, a conciencia de que no arrastrábamos pájaros y por lugares —cuestas sin resguardos— donde difícilmente podíamos encontrarlos. Únicamente el acierto de mis compañeros —que aprovecharon la media docena de tiros que disparó cada uno— nos libró del desastre, ya que, en definitiva, se cobraron catorce perdices: cinco mi hijo Miguel, tres mi yerno Luis, y dos por barba mi hijo Juan, mi hermano Manolo y el que estas líneas suscribe. La temporada está en marcha, ya veremos lo que nos depara.

Estampa análoga nos brindan los pescadores de ribera en los ríos castellano-leoneses, en los que la trucha es principal protagonista. A continuación transcribo dos excursiones, muy pobres desde el punto de vista piscícola, pero ricas en contenido humano, incluidas en el libro Mis amigas las truchas.

Pastorín
(10 julio 1972)

Comí con mi hijo Juan en Santa Marina de Órbigo después de soltar un disco en León a los pacientes alumnos del Curso para Extranjeros. El día, absolutamente despejado, con un sol rutilante —implacable y pugnaz en los abrigaños— no presagiaba nada bueno. Pero por si las condiciones externas no fueran suficientemente descorazonadoras, Patricio, el guarda, se encargó de aguar aún más la fiesta:

—Poco queda por hacer hoy, como no lo arregle este. —Y señalaba para un hombre de media edad y media estatura, aplicado en armar sobre un velador de mármol una cuerda de cuatro moscos. A mi mirada interrogadora, el desconocido respondió poniéndose de pie y alargándome una tarjeta: «José Aller Rubio *(Pastorín).*—Montador de mosquito para la trucha.—BENAVIDES DE ÓRBIGO.» Patricio, que andaba al quite, agregó:

—Ahí donde le ve, acaban de darle el segundo premio como montador de moscos en la Semana de la Trucha. —A un gesto de Pastorín, nos sentamos alrededor del velador. Inspeccionó con ojo crítico nuestros aparejos y, por primera providencia, nos informó que en el mes de julio las saltonas que llevábamos no servían para tentar a la trucha del Órbigo.

—En este río hace falta algo más llamativo, ¿comprende? Un mosco de más enjundia. ¡Miren, cosa bonita! —extrajo de su caja de dos pisos una mosca de apretado plumaje y doble cuerpo—. Observe, mire el pelo; de Boñar legítimo.

En las aldeas de Boñar, en plena sierra, los campesinos encuentran en la cría de gallos de raza un sobresueldo. Hoy día, la trucha leonesa mueve mucha gente y muchos intereses. Y en torno a este deporte prolifera una industria que se desfleca en las más insospechadas direcciones:

—A más de cien pesetas la docena de plumas vengo pagando. No crea que las regalan.

Los moscones de Pastorín son macizos, lustrosos, llamativos, apetecibles. Moscos elaborados con pluma de gallos de Boñar, los más acreditados del mercado. En los caseríos montañeses, rara es la familia que no cría media docena de gallos para comerciar con las desplumaduras. Un negocio modesto y saneado dentro de una inversión mínima. Uno apunta tímidamente:

—Dígame, Pastorín, ¿y no aguantaba usted más bajándose para casa una docena de gallos?

Pastorín hinca la barbilla en el pecho, me mira conmiserativamente y sonríe con media boca. Es hombre sobrio, de verbo comedido. Parece regodearse en su respuesta.

—El gallo serrano, para que usted lo sepa, de que le saca usted de su medio, pierde el lustre. El mosquito no vale. No me pregunte el porqué, pero es así.

—¡Ah!

Pastorín desmonta con dedos expertos las moscas saltonas de nuestros aparejos y las va sustituyendo por las suyas:

—Si en la serena no pescan con las plumas de Pastorín no pescan con ninguna. Y, si no, al tiempo.

Los gallos de Boñar, los abigarrados gallos de la sierra, pelan, por término medio, tres veces por año. Si uno piensa en las plumas que tiene un gallo y mentalmente hace cuentas le tienta la codicia.

—Tampoco se piense usted que todo el monte es orégano. De cada gallo y cada pelada no se aprovechan arriba de dos o tres docenas de plumas.

—Ya.

Minutos después de las cuatro de la tarde irrumpen en el establecimiento Carlos Mondéjar y *monsieur* Courtial. Vienen congestionados, sudorosos, pero con las cestas llenas de truchas, ejemplares eminentes de no menos de tres partes de kilo. Me encandilo:

—Así que se dan bien...

—Con la tralla, fijo. Con la cuerda no vas a pescar más que una insolación.

—¿Tan mal anda eso?

Carlos Mondéjar rompe a reír y con la caña enfundada apunta hacia la mesa donde se afana Pastorín:

—Honradamente, ¿tú crees que si se dieran a pluma andaría ese ahí?

Pastorín no se altera. Baja la barbilla, sonríe con media boca y sin levantar los ojos del aparejo dice:

—Mañana tengo yo coto. ¿Se juegan ustedes algo a que a medio día he atrapado el cupo? Con la boya, por supuesto. Y seleccionadas. Si no clavara yo mañana sesenta truchas para escoger dejaría entonces de ser quien soy.

La conversación se enreda y Juan y yo abandonamos el alboroto del bar y descendemos hasta el río. En la rebalsa del puente se divisan docenas de truchas soleándose. Apenas se mueven. De tarde en tarde, un ejemplar sube y boquea indolentemente en las aguas inmóviles. Otro deambula sin rumbo y se detiene un momento hociqueando en las berreras del fondo. Mi hijo Juan se exalta:

—Con tanto bicho alguno picará, digo yo.

Pero la trucha, en este tiempo estival, anda empereza- da. A lo largo de tres horas no hago otra cosa que cambiar la cucharilla por el mosco y a la inversa. Esfuerzo vano. Los peces no están por la labor. Al ponerse el sol, aparece Pastorín en el camino del estero, pedaleando en su bi- cicleta:

—¿Qué?

—Mal. Una agarré a cucharilla. ¿Por qué no nos hace usted una demostración?

Pastorín se apea. Viene muy puesto, de zapatos y ame- ricana. Con calma —en sus preparativos no cabe la prisa— amarra en la línea una cuerda de su marca. Brinca de piedra en piedra con pasmosa seguridad e inicia las vara- das con mi caña con tanta precisión como si en la vida hubiera manejado otra. Su sistema de lanzar es muy per- sonal. Da vuelta al buldó por detrás de su cabeza para tomar impulso y el aparejo atraviesa el río como un pro- yectil. Pastorín lanza aguas arriba, sesgado, y recoge —la caña arbolada— al ritmo de la corriente. Cuando los moscos alcanzan su altura, templa, baila la primera con discreción y, al cabo, deja la cuerda laxa, a merced de la corriente. Apenas han transcurrido quince minutos cuando vocea:

—¡Ya está!

El pez salpica en la otra orilla al sentirse preso y Pastorín levanta la caña y arrastra a la trucha sin apresuramientos, dando la impresión de que es ella quien dirige, hasta la cascajera, a sus pies, de manera que el pez cambia de medio sin alborotarse:

—No es grande pero hace bocado. ¡Ve ahí, en la saltona!

Es un esbelto ejemplar de cuarto de kilo que Pastorín desnuca con habilidad profesional:

—Ya caerán más.

Pastorín trabaja insistentemente un raudal de aguas someras y espumosas, pero su sabiduría se manifiesta, antes que en el lance y la recogida, al entrar la cuerda en las tornas de la orilla. En este trance, mueve la saltona tecleando la línea, con expertos, sensibles dedos de guitarrista. El secreto de Pastorín no es tal secreto o, si lo prefieren, es un secreto a voces: Pastorín pesca con mosco ahogado pero sosteniendo la saltona en superficie, como mosca seca. Lo que él hace, caña en mano, es evidente. La dificultad radica en imitarle: su delicadeza para posar el buldó, su temple para tensar la cuerda sin arar el río, su gracia para esgrimir la saltona... En suma, en la precisa exactitud de sus movimientos. De este modo, sin moverse apenas del sitio, va sumando truchas, una, dos, tres, hasta cinco en poco más de media hora. Uno, al tiempo que se le desborda la admiración, siente la humillante sensación de que nunca en estas artes de la pesca pasará de ser un aprendiz. Sensación inevitable ante estos hombres de ribera, que pasaron cuarenta años junto al río y la caña en sus manos es como una prolongación de sí mismos:

—No se preocupe. Verá como ahora, con la serena, también pesca usted.

—Dios le oiga, Pastorín.

Truchas y piedras
(30 abril 1976)

De entre todas las provincias castellano-leonesas, creo
que es Valladolid la única que carece de ríos trucheros.
Truchas hay en Santander, Burgos, Logroño, Ávila, Segovia, Soria, Salamanca, Zamora y, no digamos, Palencia y
León, pero, en Valladolid, no las hay. Claro que en la
provincia de Valladolid, salvo rarísimas excepciones, las
casitas de sus pueblos son de barro, a lo sumo de ladrillo,
y yo sostengo la teoría de que el barbo y la carpa de las
corrientes fluviales empiezan a ser sustituidos por truchas
cuando la piedra desbanca al adobe en la construcción. La
piedra serrana anuncia el salmónido. La coincidencia es
de un rigor casi científico hasta el punto de que únicamente la he visto fallar en el valle del Órbigo. En Santa Marina, el coto de más prestigio de este río, falta la piedra, las
casas son aún de barro y la que no es de barro es de
ladrillo. Piedra no hay. Pues bien, si nos desplazamos de
Santa Marina aguas arriba, siguiendo el cauce del Órbigo,
por Villanueva de Carrizo, Cimanes del Tejar, Azadón y
Sacarejo, hasta Villarroquel —pueblecitos muy chicos todos ellos y muy apiñados— advertimos que el adobe per-
siste y uno alcanza el nacimiento del Órbigo, fruto de la
unión del Omaña y el Luna, sin que se altere el material
básico arquitectónico. Esto no es óbice para que existan
otros indicios como las vacadas, el par de bueyes para las
faenas campesinas, los cultivos de huerta, que hablan de
niveles más altos de humedad y rendimiento. El valle del
Órbigo es aún la llanura, pero una llanura que preludia la
montaña, la España verde.

Nunca había pescado en Villarroquel. Las condiciones
no eran buenas —sol vivo, viento nordeste desmelenado—
aunque cabía la posibilidad de que se vieran contrarresta-
das por la densa demografía piscícola (río Luna —muy
truchero— más río Omaña —muy truchero— es igual a río
Órbigo —extraordinariamente truchero—). La ecuación
parecía indesmentible. Sin embargo, mi estado de ánimo,

cuando a mediodía detuve el coche en la desierta plaza de Villarroquel, no era optimista. Demasiada claridad; demasiada luz. Y pensando que la trucha, de darse, no se daría antes de las tres de la tarde, me dispuse a almorzar tranquilamente en el figón más a mano. La redonda mujer que atendía el bar, doblado de tienda de comestibles, envuelta en una bata de flores violetas, no parecía muy preocupada por impulsar el negocio.

—Unos choricillos y unas conservas; eso es todo lo que le puedo dar.

—Y ¿no tendrá una chuleta?

—No, señor. Chuletas no hay.

—¿Y una tortilla?

—Menos. Las gallinas no ponen ni para el gasto de casa.

—Bueno.

Comí unos dados de jamón, un pedazo de queso y un par de vasos de clarete de la tierra. De vez en vez, una mujer irrumpía en el local a hacer la compra. Mis preguntas provocaban en mis interlocutores discrepancias pueriles:

—¿Vecinos dice? Doce.

—¿Cómo doce? ¿Pues no bajan catorce parejas al soto, Laura?

—Cuenta, cuenta tú y me dirás las que salen.

El campo de Villarroquel es rico, bien dotado. Surcado por acequias, la carretera serpentea flanqueada por instalaciones de lúpulo —palos oblicuos, cables tensos, como las estructuras de un circo sin carpa:

—Pues el lúpulo da, señora; el cultivo será costoso pero da la peseta.

—Según. Desde fuera todo se ve fácil.

—¿Según?

—Ya ve el año pasado. Tal día como el primero de agosto cayeron piedras como nueces; los coches hacían rodadas en la carretera, como si hubiera nevado.

—¿Y qué?

—¿Y qué, dice? Que se malrotó la flor que es lo que vale.

—Todos los años no va a ser lo mismo, mujer.

—Todo es que se enseñe, mire.

A la una bajo a Sacarejo. Junto al río veo al menos otros seis optimistas como yo. El Órbigo es atractivo aquí. Trae fuerza y su fondo de cascajo uniforme es toda una promesa. Subo río arriba con la cucharilla hasta alcanzar la confluencia del Luna y el Omaña. Pese a la inmejorable presencia del tramo no siento una picada. Mi moral, a la hora de poner la cuerda, es muy baja. Tengo la impresión de que no hay nada que hacer aquí. Ya en el Omaña me detengo en un tramo de aguas rizadas, previo a la rasera de la confluencia. No es fácil que en el resto del coto haya un raudal más sugestivo. Me instalo en la orilla. Si la trucha pica, picará aquí antes que en ninguna parte. Subo y bajo, nunca más de cien metros, para retornar al punto de partida. No quiero que me pisen la chorrera que me ha fascinado. Boba ilusión. Las horas transcurren sin ver una pieza de fundamento con lo que las varadas van haciéndose cada vez más mecánicas y desesperanzadas. Sobre las cuatro, cuando estoy cargándome de razones para abandonar el campo, muerde el único ejemplar del día: una trucha rubia, delicada, de poco más de veinticuatro centímetros. ¿Cambio de actitud? ¡Quia! La tonta de todas las tardes. En la media hora que sigue el río vuelve a su aburrida indiferencia.

Junto a los coches, estacionados en el estero, Argimiro, el guarda, charla con cuatro pescadores taciturnos. Ninguno ha hecho nada, lo que, en cierto modo, me justifica. Y es que esto del sol y la sequía ininterrumpida, de no estar compensado por algún otro elemento —que vaya usted a saber cuál es— tiene mala compostura. Ni la trucha boquea ni baila mosco sobre el río. Y es lo que diría el otro: si no baila mosco sobre el río, ¿a qué demonios va a boquear la trucha?

XIV. DESCONFIANZA
Y HOSPITALIDAD

Castilla ha sido de siempre, y de manera especial a lo largo del último medio siglo, la gran olvidada. La desasistencia del poder central en este lapso ha sido absoluta. Nada se hizo en su día por dignificar la vida campesina, por sujetar los hombres a su medio. La dispersión de los caseríos impedía, por otra parte, que aquellos seres constituyeran una fuerza estimable de oposición, o al menos de protesta, con lo que su desencanto, o su cólera, rumiados aisladamente, apenas si trascendían, o se recibían por el poder, cuando llegaban, con un encogimiento de hombros. «Castilla siempre fue sumisa.» «Para contar con Castilla no es preciso gastar un duro.» Esta filosofía, dígase lo que se quiera, fue la que prevaleció en Madrid durante los últimos cincuenta años.

Mas en el castellano, morugo y escéptico por naturaleza, acabó por acusarse este desvalimiento. Su reserva ante los extraños y su laconismo se acentuaron, extendiéndose, entonces, la especie de que el castellano era inhospitalario y desabrido, cuando lo que en realidad hay en el campesino castellano-leonés es un trasfondo de desconfianza ante el forastero, que si alguna vez llamó a su puerta nunca fue para darle nada. Pero esta reticencia inicial, que es, en definiti-

va, una actitud de autodefensa, nada tiene que ver con el desabrimiento. Nuestro campesino es muy perspicaz; le es suficiente una mirada para separar, mentalmente, el grano de la paja. De entrada ya no espera nada de nadie y sabe que aquello que obtenga lo deberá a su propio esfuerzo (la prestación personal ha sido hasta el día el único procedimiento de conseguir pequeñas mejoras en el campo). De ahí su tibieza política. De ahí su socarrona difidencia ante las grandes palabras. Pero todo ello no le ha impedido conservar su decoro, su tradicional hidalguía, su nobleza, su dignidad, virtudes que le inducirán a compartir un vaso de vino con el primer forastero que llegue tan pronto barrunte que no viene a él de mala fe. Estas notas que aspiran a perfilar el carácter castellano —recelo y desconfianza que no excluyen el señorío y la hospitalidad— se hacen patentes en el capítulo VIII de El disputado voto del señor Cayo, *donde este acoge en su propia casa a los tres visitantes, les brinda su fuego y su pan, e, incluso, les ofrece sus ropas de gala para sustituir a las suyas, mojadas por el aguacero:*

La viga, ennegrecida por el humo, delimitaba el hogar y sobre ella se veían cazos de cobre, jarras, candiles y una negra chocolatera de hierro con mango de madera. Tras la viga se abría la gran campana de la cocina y flanqueándola, un arca de nogal y un escañil con las patas aserradas. El fuego, que acababa de encender el señor Cayo, crepitaba sobre el hogar de piedra, revestido de mosaicos con figuras azules desdibujadas por el tiempo. Del lar colgaba un perol ahumado y, al fondo, empotrado en el muro, el trashoguero de hierro con un relieve indescifrable. De la gran viga, sujetos por los candiles y la chocolatera, pendían la camisa y la cazadora de Víctor, y el jersey de Rafa, puestos a secar. En las poyatas, a los lados de la chimenea, se apilaban cazuelas, sartenes, pucheros, platos y, colgados de alcayatas, cacillos, espumaderas y un gran tenedor de latón. Sobre la cabeza de Víctor, sentado en un escañil, sujeta al muro por una tarabilla, estaba una perezosa que medio ocultaba un calendario polícromo.

Laly deambulaba de un lado para otro, curioseando, por el pequeño tabuco. Frente al lar, el señor Cayo hurgaba en una alacena y Rafa, que había permanecido unos minutos inmóvil, sentado en el arcón de nogal, acodado en los muslos, se incorporó de improviso y se sacó el niqui por la cabeza, dejando al descubierto un torso enteco y pálido:

—Esto está también calado —dijo.

Víctor sonrió indulgentemente, contemplándole:

—Pareces un Tarzán.

Rafa sujetó la manga del niqui con un almirez de la poyeta. Miró a Víctor, su ancho pecho velludo y musculado, con cierta inquina. Dijo:

—Pues lo que tengo más desarrollado no se me ve.

Laly, que curioseaba unas fotografías que había sobre una cómoda, dijo sin mirarle:

—Ya salió el macho ibérico.

El señor Cayo se acercó a Víctor. Sostenía en las manos una camisa blanca cuidadosamente planchada y, en el antebrazo, un traje negro que olía a naftalina:

—¿Por qué no se pone esto? —dijo—. Las mojaduras de nublado son malas.

—Deje —dijo Víctor.

El señor Cayo miró a Rafa:

—Gracias —dijo este—, yo todavía soy joven.

El señor Cayo hizo un gesto de resignación y colocó las ropas en el respaldo de un taburete. En ese momento, Laly se dirigió a él con una fotografía en la mano:

—¿Es usted? —preguntó.

—Yo soy, qué hacer. Es de cuando la boda.

Laly aproximó la fotografía a los ojos:

—Su mujer era muy guapa —dijo.

Tendió la fotografía a Víctor y se sentó junto a él en el escañil. El señor Cayo se apoyó en la viga, sosteniendo el peso del cuerpo en su mano poderosa. Aclaró la voz, tal vez empañada por el recuerdo, mediante un carraspeo:

—En realidad —dijo—, no es porque yo lo diga, pero no había en el pueblo una cara más bonita. Y las hermanas, tal cual. Pero, lo que son las cosas, ninguna de las tres hablaba. —Se cogió con dos dedos la garganta a modo de explicación y, tras una pausa, añadió—: Claro que para lo que hay que hablar con una mujer.

Rafa miró a Laly, Laly miró a Víctor y Víctor sonrió. La sonrisa de Víctor pareció estimular al señor Cayo:

—El Bernardo decía que lo más práctico con una mujer era taparla la boca con la almohada.

Rió brevemente y añadió:

—Pero ya ven, ella se casó conmigo y también se casaron las hermanas, la una en Refico, y en Quintana, la otra. A ninguna le faltó proporción.

El señor Cayo se irguió de repente, como si recordara algo, y salió de la cocina ladeando la cabeza para no tropezar en el dintel. Apenas desapareció, dijo Rafa indicando la puerta con el pulgar:

—Laly, amor, ¿por qué no le hablas a la muda de la emancipación de la mujer?

Laly se agachó, furiosa, sobre el hogar, cogió un leño a medio quemar y se lo arrojó a Rafa a la cabeza:

—¡Vete a la mierda, maricón! —dijo.

Rafa lo esquivó sin cesar de reír:

—Tampoco es eso, coño. No vamos a hacer la guerra por tan poco, tía.

Regresó el señor Cayo con su mujer. Ella traía un plato de barro con rajas de chorizo y trozos de queso y, en la otra mano, apretadas contra el pecho, media docena de rosquillas de palo. El señor Cayo llevaba una jarra de vino que depositó en la mesa antes de soltar la tarabilla y bajar la perezosa, que calzó, entre Laly y Víctor. Laly le miraba hacer, sorprendida:

—¡Qué mesa tan divertida! —exclamó—. ¿De dónde la ha sacado usted?

—¿Esto? —replicó el señor Cayo—. La perezosa. Va agarrada al muro para que no estorbe, por eso no la ha visto usted. Así se puede comer al abrigo de la lumbre sin necesidad de levantarse.

Trasladó a la perezosa los platos y la jarra, vertió vino en las tazas y se lo ofreció. Víctor cogió un pedazo de queso y bebió un trago de vino. Dijo luego:

—Apuesto a que este queso lo ha hecho usted.

—Natural, ahí tiene el entremijo —señalaba una mesita, en el rincón, junto a la cómoda.

—Y el chorizo, también.

—A ver, ya ve. ¿Qué misterio tiene eso? Y los roscos, ella.

La vieja, que se había sentado en una silla de paja, un poco apartada, orilla de la alacena, les observaba, inmóvil, con sus ojillos afilados, cercados de patas de gallo. Aclaró el viejo:

—Los roscos son de la fiesta del domingo.

—¿Hicieron fiesta?

—La Octava, de siempre, desde chiquito la recuerdo.

—Octava, ¿de qué?

—De Pentecostés, claroó. O sea, por mayor, bajamos todos a Refico en carros o en borricos, donde se tercie. Y a la puerta de la iglesia se subastan los roscos y los mojicones. Y lo que se saca para la Virgen. No crea que tiene más ciencia.

Hizo un alto el señor Cayo, que se había sentado en un tajuelo, cerrando el corro, y se quedó mirando fijamente para las llamas. Al cabo de una larga pausa, añadió:

—De regreso de una de estas romerías, el año que llevé el pendón, o sea el 23, que ya ha llovido, nos comprometimos. Yo la aupé a ella al borrico y la dije: «Sube.» Y ya se sabía, que así era la costumbre, si ella subía era que sí y si ella no subía era que no. Pero ella subió y para diciembre nos casamos.

—Estaba por usted, vamos —dijo Rafa, prendiendo un cigarrillo con un ascua de la chimenea.

—Mire.

Volvió a llenar las tazas el señor Cayo. Luego se levantó, salió y volvió con una brazada de leña que depositó sobre las brasas, en el hogar:

—¿Todavía tienen frío? —preguntó.

Víctor se palpó los bajos de los pantalones, que humeaban:

—Ya están casi secos —dijo.

La llama rompió ruidosamente entre los sarmientos. Rafa apartó la cara. Laly miró en derredor y dijo:

—¿No tienen ustedes televisión?

El señor Cayo, acuclillado en el tajuelo, la miró de abajo arriba:

—¿Televisión? ¿Para qué queremos nosotros televisión?

Laly trató de sonreír:

—¡Qué sé yo, para entretenerse un rato!

Dijo Rafa, después de mirar en torno:

—¿Y radio? ¿Tampoco tienen radio?

—Tampoco, no señor. ¿Para qué?

Rafa se alteró todo:

—¡Joder, para qué! Para saber en qué mundo viven.

Sonrió socarronamente el señor Cayo:

—¿Es que se piensa usted que el señor Cayo no sabe en qué mundo vive?

—Tampoco es eso, joder, pero no estar incomunicados, digo yo.

Víctor seguía el diálogo con interés. Intervino, conciliador:

—Entonces, señor Cayo, ¿pueden pasar meses sin que oiga usted una voz humana?

—¡Quia, no señor! Los días 15 de cada mes baja Manolo.

—¿Qué Manolo?

—El de la Coca-Cola. Baja de Palacios a Refico, en Martos todavía hay cantina.

—Y ¿entra en el pueblo?

—Entrar, no señor, bajo yo al cruce y echamos un párrafo.

Víctor se mordió el labio inferior. Dijo:

—Pero vamos a ver, usted, aquí, en invierno, a diario, ¿qué hace? ¿Lee?

—A mí no me da por ahí, no señor. Eso ella.

Rafa cogió el cabo de un palo sin quemar y lo colocó con las tenazas sobre las ascuas. Luego, sopló obstinadamente con el fuelle de cuero ennegrecido hasta que hizo saltar la llama. La vieja, junto a la alacena, ladeaba mecánicamente la cabeza, como para escuchar o para dormitar, pero en el instante de cerrársele los párpados, la enderezaba de golpe. Víctor bebió otra taza de vino y se la alargó luego al señor Cayo para que la llenara de nuevo. Añadió al cabo de un rato:

—Pero si usted no lee, ni oye la radio, ni ve la televisión, ¿qué hace aquí en invierno?

—Mire, labores no faltan.

Insistió Víctor:

—Y ¿si se pone a nevar?

—Ya ve, miro caer la nieve.

—Y ¿si está quince días nevando?

—¡Toó, como si la echa un mes! Agarro una carga y me siento a aguardar a que escampe.

Víctor movió la cabeza de un lado a otro, desalentado. Laly tomó el relevo:

—Pero, mientras aguarda, algo pensará usted —dijo.

—¿Pensar? Y ¿qué quiere usted que piense?

—Qué sé yo, en el huerto, en las abejas... ¡Algo!

El señor Cayo se pasó su mano grande, áspera, por la frente. Dijo:

—Si es caso, de uvas a brevas, que si me da un mal me muero aquí como un perro.

—¿No tienen médico?

—Qué hacer, sí señora, en Refico.

Saltó Rafa:

—¡Joder, en Refico, a un paso! Y ¿si la cosa viene derecha?

El señor Cayo sonrió resignadamente:

—Si la cosa viene por derecho, mejor dar razón al cura —dijo.

A Rafa se le habían formado dos vivos rosetones en las mejillas que acentuaban su apariencia infantil. Hizo un cómico gesto de complicidad a Laly:

—Alucinante —dijo.

El señor Cayo aproximó un rosco a la muchacha:

—Pruebe, están buenos.

Laly partió un pedazo con dos dedos y lo llevó a la boca. Masticó con fruición, en silencio:

—Tienen gusto a anís —dijo.

La vieja asintió. Emitió unos sonidos guturales, acompañados de un descompasado manoteo y sus manos, arrugadas y pálidas, con la toquilla negra por fondo, eran como dos mariposas blancas persiguiéndose. Al fin, de una forma repentina, se posaron sobre el halda. El señor Cayo, que no perdía detalle, dijo cuando la mujer cesó en sus aspavientos:

—Ella dice que lo tienen. Y también huevos, harina, manteca y azúcar.

—Ya —dijo Laly.

Víctor volvió a la carga:

—Díganos, señor Cayo, ¿cómo baja usted a Refico?

—En la burra.

—¿Siempre bajó en la burra?

—No señor, hasta el 53, mientras hubo aquí personal, los martes bajaba una furgoneta de Palacios. Y, antes, hace qué sé yo los años, estuvo la posta —sonrió tenuamente— donde Tirso cambiaba los caballos.

Víctor apartó los pies de la lumbre:

—Y ahora ¿quién le trae el correo?

—¿Qué correo?

—Las cartas.

El hombre rompió a reír:

—¡Qué cosas! —dijo—. Y ¿quién cree usted que le va a escribir al señor Cayo?

—Los hijos, ¿no?

Hizo un ademán despectivo:

—Esos no escriben —dijo—. Tienen coche.

—Y ¿vienen a verle?

—Qué hacer. Al mes que viene vendrá él, con los dos nietos, ¿se da cuenta? A ella no le pinta esto. Dice que qué va a hacer ella en un pueblo donde no se puede ni tomar el aperitivo, ya ve. ¡Cosas de la juventud!

Víctor y Rafa bebían sin cesar. Dijo Víctor:

—Este vino entra bien.

—Es de la tierra.

—¿De aquí?

—Como quien dice, de la parte de Palacios.

A Víctor le ganaba por momentos una locuacidad expansiva:

—Pero tal como se explica, señor Cayo, usted aquí ni pun. Así se hunda el mundo, usted ni se entera.

—¡Toó! Y ¿qué quiere que le haga yo si el mundo se hunde?

—Bueno, es una manera de decir.

Rafa se inclinó hacia el tajuelo. Tenía los ojos turbios. Dijo con voz vacilante, un poco empastada:

—Un ejemplo, señor Cayo, la noche que murió Franco usted dormiría tan tranquilo...

—Ande, y ¿por qué no?

—No se enteró de nada.

—Qué hacer si enterarme, Manolo me lo dijo.

—¡Jo, Manolo! ¿No dice usted que Manolo baja con la furgoneta a mediados de mes?

—Así es, sí señor, los días 15, salvo si cae en domingo.

—Pues usted me dirá, Franco murió el 20 de noviembre, de forma que se tiró usted cuatro semanas en la inopia.

—Y ¿qué prisa corría?

—¡Joder, qué prisa corría!

Laly alzó su voz apaciguadora:

—¿Qué pensó usted, señor Cayo?

—Pensar ¿de qué?

—De Franco, de que se hubiera muerto.

El señor Cayo dibujó con sus grandes manos un ademán ambiguo:

—Mire, para decir verdad, a mí ese señor me cogía un poco a trasmano.

—Pero la noticia era importante, ¿no? Nada menos que pasar de la dictadura a la democracia.

—Eso dicen en Refico.

—Y usted ¿qué dice?

—Que bueno.

Laly le miraba comprensiva, amistosamente. Añadió:

—De todos modos, al comunicárselo Manolo, algo pensaría usted.

—¿De lo de Franco?

—Claro.

—Mire, como pensar, que le habrían dado tierra. Ahí sí que somos todos iguales.

Rafa bebió otra taza de vino. Tenía las orejas y las mejillas congestionadas. Dijo excitado:

—Pues ahora tendrá usted que participar, señor Cayo, no queda otro remedio. ¿Ha oído el discurso del Rey? La soberanía ha vuelto al pueblo.

—Eso dicen.

—¿Va a votar el día 15?

—Mire, si no está malo el tiempo, lo mismo me llego a Refico con Manolo.

—¿Votan ustedes en Refico?

—De siempre, sí señor. Nosotros y todo el personal de la parte de aquí, de la montaña.

—Y ¿ha pensado usted qué va a votar?

El señor Cayo introdujo un dedo bajo la boina y se rascó ásperamente la cabeza. Luego, se miró sus grandes manos, como extrañándolas. Murmuró al fin:

—Lo más seguro es que vote que sí, a ver, si todavía vamos a andar con rencores...

Rafa se echó a reír. Levantó la voz:

—Que eso era antes, joder, señor Cayo. Esos eran los inventos de Franco, ahora es diferente, que no sabe usted ni de qué va la fiesta.

—Eso —dijo humildemente el señor Cayo.

La voz de Rafa se fue haciendo, progresivamente, más cálida, hasta alcanzar un tono mitinesco:

—Ahora es un problema de opciones, ¿me entiende?

Hay partidos para todos y usted debe votar la opción que más le convenza. Nosotros, por ejemplo. Nosotros aspiramos a redimir al proletariado, al campesino. Mis amigos son los candidatos de una opción, la opción del pueblo, la opción de los pobres, así de fácil.

El señor Cayo le observaba con concentrada atención, como si asistiera a un espectáculo, con una chispita de perplejidad en la mirada. Dijo tímidamente:

—Pero yo no soy pobre.

Rafa se desconcertó:

—¡Ah! —dijo—, entonces usted, ¿no necesita nada?

—¡Hombre!, como necesitar, mire, que pare de llover y apriete la calor.

Víctor se incorporó a medias, presionado su estómago por el tablero de la perezosa. Se dirigió a Rafa:

—No te enrolles, macho, déjalo ya.

Rafa se levantó a su vez:

—Ya lo oye, señor Cayo. Mi amigo quiere que me calle. Mi amigo es muy modesto y quiere que me calle, pero si yo he llegado hasta aquí no es para callar la boca.

Le subían y le bajaban los puntos sonrosados de las tetillas sobre su pecho escuálido, blanco, sin vello. Agregó:

—El país ahora es libre. Por primera vez en cuarenta años, vamos a hacer con él lo que nos parezca razonable, ¿entiende?, pero algo que funcione. Su mujer, usted, yo, todos vamos a decidir cómo queremos gobernarnos, si dejamos los resortes del poder en manos de los de siempre o se los entregamos al pueblo...

Víctor soslayó la perezosa y puso un pie en el hogar. Repitió:

—Déjalo, Rafa, coño, es suficiente.

Pero Rafa no le escuchaba. Metió la mano en el bolsillo posterior del pantalón y sacó media docena de candidaturas del Partido arrugadas, dobladas en las esquinas, las alisó burdamente con el dorso de la mano y se las entregó al señor Cayo:

—Vea —dijo—. Ahí van los nombres de mis amigos, este es él y esta es ella. Si usted cree que mis amigos son

personas decentes, coge y los vota. Y si cree que son unos
sinvergüenzas, las parte por la mitad y punto.

Sin darle tiempo a echarles una ojeada, Víctor arrebató
las candidaturas de manos del señor Cayo:

—Tampoco es eso —dijo. Rasgó los papeles y los arrojó
al fuego, unas soflamas mortecinas. En unos segundos, los
impresos fueron arrugándose, asurándose, hasta que brotó la llama y los consumió—: Usted vote la opción o la
persona que le merezca confianza, señor Cayo, ¿me comprende? Y si no hay ninguna que le merezca confianza,
vote en blanco o no vote.

Laly se puso en pie también:

—Son las diez menos diez —dijo—. Es hora de marchar.

Las pupilas desguarnecidas del señor Cayo brincaban
inquietas de uno a otro. Víctor descolgó la camisa de la
viga y se embutió en ella. Rafa, a su vez, se vestía en su
rincón. La vieja empezó a manotear y a emitir unos ron-
quidos inconexos. El señor Cayo la miraba atentamente.
Al final se volvió a ellos:

—Dice —aclaró— que se lleven ustedes los roscos.

Laly puso una mano sobre el hombro de la mujer:

—Muchas gracias —dijo.

Víctor estrechaba efusivamente la mano del señor
Cayo. Dijo este:

—Deje, salgo con ustedes hasta el coche.

En la explanada, con los pájaros guarecidos, no se oía
ahora más que el rumor cristalino del arroyo en la cascajera y el apagado retumbo de la cascada, abajo, en las
Crines. Una brisa muy fina había barrido el nubazo que
ahora relampagueaba vivo sobre las crestas de poniente.
De súbito, sobre el murmullo del agua y el remoto fragor
de la catarata, se alzó un ronroneo uniforme, mecánico.
El señor Cayo ladeó la cabeza:

—¡Un coche! —dijo sorprendido.

Ante la lancha que franqueaba el riachuelo se detuvieron en silencio. El señor Cayo miraba fijamente la sombra
oscura de la vaguada. Se pasó la lengua por los labios
antes de hablar:

—Baja de Quintana —aclaró.

Durante largo rato permanecieron inmóviles, escuchando la intensidad intermitente del zumbido del motor, de acuerdo con la orientación de las curvas. De repente, el ronroneo acreció, como si el coche avanzara a una velocidad más corta. Dijo el señor Cayo:

—Ha cogido el camino. Viene al pueblo.

Rafa frunció el rostro, contrariado:

—¿Quién puede ser?

El señor Cayo rió sofocadamente:

—A saber —dijo—, lo cierto es que el señor Cayo, nunca en la vida recibió tantas visitas.

XV. FATALISMO

La desatención administrativa, la lucha desigual que a diario se le presenta con los meteoros —y su impotencia frente a ellos— han hecho del castellano un ser fatalista, resignado, que acepta de antemano como algo inevitable, todo lo que pueda sobrevenirle. *El estaba escrito y lo que sea sonará son los principios por los que se rige la vida rural. De nada vale enseñar los dientes o mantenerse en un espíritu de rebeldía. Cabe asegurar que lo único que sostiene al campesino castellano es la desdibujada esperanza de que un buen día el poder central se acuerde de que existe —y no para doblarle los arbitrios o recortarle más aún los precios de sus productos esenciales— y que los elementos atmosféricos se ordenen al fin, al menos una vez en la vida, conforme a sus deseos. Y ¿entre tanto? ¿Qué aguardan estos seres casi paleolíticos en la segunda mitad del siglo XX? Simplemente aguardan a que llueva o a que escampe, nada más. Y aun conscientes de que su participación en este punto es inútil afanan de sol a sol, aran y siembran, despedregan y escardan, podan y olivan... Tal vez, si el tiempo ayuda, les sea dado recolectar unas espigas y unos racimos con los que alcanzar otro año y poder comenzar otra vez. La vida hoy por hoy, no les ofrece otros alicientes.*

El fatalismo de estos seres raya a veces en lo paté-

tico. Yo recuerdo que en una de mis cacerías, allá por el año 64, conocí a dos hermanos en un pueblecito a veinticinco kilómetros de Valladolid, dos hombres ya maduros, con las piernas casi totalmente agarrotadas, que avanzaban a trompicones por una calleja enlodada. Uno de mis compañeros, vecino del lugar, me informó que una extraña enfermedad había asaltado el mismo día a ambos hermanos el año del hambre *—¿40, 42?— y desde entonces, cinco lustros atrás, apenas podían valerse. El médico del pueblo diagnosticó una parálisis producida por el consumo excesivo de almortas —dieta obligada en aquellos años—, y al inquirir yo por qué no se llegaban a Valladolid a consultar con un especialista, mi acompañante me respondió llanamente: «No, si están en ello, pero un día por otro lo van dejando y ya ve usted, ¡veinticuatro años!» Este es el fatalismo castellano, fatalismo resignado del hombre hecho a la adversidad, convencido de que las cosas, una vez que se tuercen, no hay nadie que las enderece. Esta conformidad, incluso ante los más terribles reveses, es notoria a lo largo de toda mi narrativa. Para ilustrar literariamente este apartado yo podría echar mano de* El Camino, Las Ratas, Viejas historias de Castilla la Vieja, La Mortaja, Las guerras de nuestros antepasados, *etc., pero he preferido, como botón de muestra, un capítulo, el IV de* La Hoja Roja, *donde una riada desencadena una serie de sucesos calamitosos que los afectados, salvo Práxedes, el Raposo, en el que hace presa la locura, aceptan con mansa resignación.*

De todos modos nada hubiera cambiado en la historia de la Desi sin la terrible riada del 52. Pero debía de estar escrito.

El viejo Eloy la decía cada mañana:

—¿Llamó el cartero, Desi?

—¿Otra vez? —decía la chica—. ¡Cómo habrá que decirle las cosas!

—Perdona, hija; lo había olvidado.

El viejo se acercaba al fogón y extendía sus azuladas manos sobre la chapa:

—Hace bueno aquí.

La chica tomaba el gancho de la lumbre y escarbaba las brasas de la rejilla. Al viejo le brillaban intermitentemente los agujeritos de la nariz. El fuego se enfurecía. Advertía él:

—Ojo, Desi; cierra el tiro. El carbón se va sin sentirlo.

La muchacha se plantaba ante él; sus manos hinchadas y cortas descansaban sobre el vientre como sapos.

—Será capaz.

Decía el viejo:

—No bromeo, hija.

También la Caya, su madrastra, cuando Eutiquio, el guardajurado, descubrió el cadáver de su padre en el almorrón, las decía: «Ahora, ya lo sabéis, a poner el hombro y a ayunar.» Y también su hermana, la Alfonsina, aguardaba con impaciencia carta de la Valen cuando decidió ponerse a servir en Madrid. Y preguntaba cada día: «¿No tuve carta?» Y respondía la Caya: «¿Quién va a escribirte a ti, hocicos de rata?» Mas, al fin, la Alfonsina recibió carta de la Valen desde Madrid y la decía: «Aquí cobra una doble jornal y tiene donde gastarlo.» Entonces la Alfonsina decidió marchar a Madrid, pero la Desi, que era la más sensitiva de las hermanas, se quedó en la ciudad porque la oprimían los viajes y porque la faltaba coraje para separarse tantas leguas del Picaza.

Todo esto aconteció después de la riada del 52 y, bien mirado, sin la terrible riada del 52 nada hubiera cambiado en la historia de Desi. Pero debía de estar escrito. Y ahora, cuando el viejo entraba en la cocina cada mañana, envuelto en su ajado batín gris, e inquiría: «¿Llamó el cartero, Desi?», la chica se esforzaba en pensar en la Caya, su madrastra, y en su oscura autoridad, para percatarse de que había cosas peores en la vida que la tozudez del viejo y armarse de paciencia y no darle una mala contestación. A la Desi, la muchacha, sólo de imaginarse bajo la arbitraria potestad de la Caya, su madrastra, se le abrían las carnes.

Por contra, la placía recordar sus paseos vespertinos con el Picaza, cuando, sentados en la cuneta, o recostados en la paja de la era, entre dos luces, este la cantaba a media voz *El Relicario* y *Porque tengo penas*. A la Desi la decía don Fidel, el maestro, que el Picaza tenía una hermosa voz pero en cambio le faltaba oído. Ella se reía recio y se palmeaba el muslo cada vez que lo comentaba con la Alfonsina y la decía: «Ya ves tú qué tendrá que ver una cosa con la otra. El tío Fideo anda de la chaveta.» Y don Jerónimo, el párroco, consciente asimismo de la hermosa voz del Picaza, cerró un trato con él para que le ilustrase las Primeras Comuniones, las bodas, los funerales y los entierros. El funeral de primera era el Picaza. Y el entierro de lujo y la boda de postín eran, asimismo, el Picaza. El muchacho, de este modo, disponía de unos ingresos extra para llevar a la novia al cine o a bailar. Mas la Caya le dijo un día a la Desi: «En la Plaza lo que quieras, pero si te veo bailar otra vez donde el Cocherón te muelo los huesos.»

Don Jerónimo, el párroco, era de la misma opinión y en misa y en los novenarios se hartaba de vocear desde el púlpito, moviendo los brazos como si fueran aspas, que el mejor destino del Cocherón sería quemarlo. Al hablar de estos asuntos, que él decía «de la lujuria», se exaltaba mucho y le nacía una espuma blanca en las comisuras de la boca y en los aledaños del púlpito caía una lluvia menuda e incesante. Pero don Ulpiano, el dueño, no estaba por la labor. De esta manera, le sacaba una renta al Cocherón mucho más sustanciosa que cuando Marciano, el de la fábrica, y Tomás, el del estanco, cobijaban sus camiones allí. Y le decía al párroco: «Hay que desengañarse, señor cura, hoy lo que renta es la alegría.» Y don Jerónimo, el párroco, le reconvenía reservadamente y le instaba a pensar en el alma, pero don Ulpiano reía y enseñaba, al reírse, hasta el estómago y le decía: «El alma no come, padre», y don Jerónimo se descomponía entonces, levantaba una

tremenda mano de pelotari como si fuera a golpearle y,
finalmente, la dejaba caer, sin usarla, sobre la polvorienta
sotana.

Luego la Culohueco, el ama, iba diciendo por todas
partes que el señor cura, por las noches, lloraba sangre y
una vez hasta enseñó a las comadres la funda de la almohada en el lavadero y en realidad estaba manchada de
rojo, pero el Picaza, que con los menesteres del canto
andaba siempre a la vera del párroco, aclaró «que sin
quitarle mérito al señor cura él le había visto sangrar por
la nariz cada vez que se mangaba un catarro».

Y, en vista de ello, la Desi y el Picaza frecuentaban el
Cocherón. La advertencia de la Caya no bastó para disua-
dir a la chica. Ella barruntaba que la Caya la aborrecía a
ella y a sus hermanas, porque el Marcos, su único hijo, le
salió inocente, tal vez porque cuando se casó con su padre,
ella ya había cumplido los 44. El Marcos, pues, a más de
inocente, era un fruto tardío, y la Caya no les perdonaba
a ella, ni a sus hermanas, que fueran despabiladas, ni que
el Galo, su marido, la dejara para plato de segunda mesa.
A las vecinas solía decirlas: «Sabe Dios lo que el Galo
vería en la perro de mi hermana.»

La Desi y sus hermanas nunca aceptaron de grado este
apaño. Al Galo le decían los amigos en la taberna: «¿No
tuviste bastante con una Rufa que ahora vas por la hermana?» Y el Galo, a quien ninguna cosa de este mundo
importunaba porque tenía la sangre espesa, asentía: «Es
un remiendo de la misma tela.» Pero ella, la Caya, no le
dejaba quieto desde el día de la boda: «¿A qué ton tus hijas
me dicen Caya? Diles que me digan madre.» Él decía, sin
la menor convicción: «¿Oísteis? Decidla madre.» Pero
ellas seguían diciéndole Caya y sacándola a relucir los
trapos sucios y ella las golpeaba al menor motivo y, muchas veces, sin tomarse el trabajo de buscarle.

De todos modos nada hubiera cambiado en la historia
de la Desi sin la terrible riada del 52. En puridad, nada de
lo de la riada iba con ella, pero Marcos, su mediohermano, que era inocente, se puso a vocear en la punta del teso:

—¡Que llueva, que llueva, la Virgen da la Cueva!

Y los hombres le miraban torcidamente porque era el agua la causa de su infortunio. Y el río, que era un lánguido reguero con el cauce cubierto de espadañas durante once meses del año, se hinchaba, como si le preñaran, cada primavera, y aquel año se hinchó tanto que se extendió por la hondonada como un mar y ellos, desde el cerro, no divisaban sus límites, ni su principio ni su fin, y apenas emergían del agua, con la torre de la iglesia y el nido de la cigüeña, cuatro tejados alabeados a punto de desplomarse. Y, sin embargo, Marcos, el Tonto, no hacía más que vocear, escrutando el cielo:

—¡Que llueva, que llueva, la Virgen de la Cueva!

Y en el corazón de los labriegos se iba cociendo un odio explosivo porque la lluvia había sido su desgracia. Y Práxedes, el Raposo, le dijo, al fin, a la Caya:

—Dile al chico que calle la boca; si no, no respondo.

La Caya se puso como una furia:

—¿Qué culpa tiene el pobrecito? Bastante desgracia lleva con ser inocente. ¡Vamos, digo yo!

Y don Jerónimo, el párroco, que con su palidez y su alta y rígida silueta y el barro de la sotana parecía un desenterrado, les instaba a hincarse de rodillas y rogar a Dios que las aguas remitieran y aseguraba que la inundación era un castigo del cielo por los innumerables pecados que se cometían los domingos y festivos en el Cocherón. Mas, como a don Ulpiano le sorprendió la riada en la ciudad donde había ido por un neumático para el tractor, don Jerónimo no podía irritarse contra nadie en concreto y decía las cosas mansa, resignadamente, sin que le naciera la espuma en los extremos de la boca.

Pero Marcos, el Tonto, proseguía obstinadamente:

—¡Que llueva, que llueva, la Virgen de la Cueva!

Y el grupo oscuro, con los cuatro enseres salvados de la riada, apilados en el teso, iba perdiendo el control de los nervios y si algún rapaz se levantaba chillando espontáneamente: «¡Mira, la cabra del señor Poli!», señalando un bulto hinchado como una vejiga, navegando sin rumbo por la bruñida superficie, surgía de alguna parte un brazo poderoso que le sentaba de un manotazo cruel. Tan sólo el Marcos parecía disfrutar allí de una bula, pero Práxedes, el Raposo, se desquiciaba por momentos y cuando las aguas turbulentas arrancaron del corral su vaca tudanca y esta fue avanzando, turgente como un globo, a compás de la corriente hasta detenerse, aprisionada entre las ramas más altas de la nogala, a veinte metros del teso, Práxedes, el Raposo, empezó a golpearse la cabeza con una piedra y a blasfemar entre dientes y cada vez que miraba a la vaca se convulsionaba como un poseído y cuando el Marcos dijo otra vez a voz en cuello: «¡Que llueva, que llueva, la Virgen de la Cueva!», el Raposo se volvió a la Caya fuera de sí:

—¡Cállale o le callo yo!

Mas como nadie hiciera ademán, el Raposo se incorporó con toda su santa cachaza, agarró una horca que tenía a mano y la hundió tres veces en el vientre del muchacho mientras voceaba riendo a carcajadas: «Así aprenderás.»

No es que la Desi le diera la razón al Raposo ni se la quitara. Tampoco se la daba ni se la quitaba a Marcos, su mediohermano, que, a fin de cuentas, era inocente. La culpa era de la Caya por alumbrarle a destiempo y de su padre por binar con una mujer así. Y el hecho de que el Práxedes ingresara en la cárcel, y de que las aguas remitiesen al fin, y de que la vida volviese a latir sobre el pueblo, no resolvió nada. La Caya, con la desgracia, se puso de los nervios y se pasaba el tiempo acariciando una de las botas que calzaba el Marcos el día de la riada. Y si topaba con el Galo, a quien la desgracia no pareció afectarle porque tenía la sangre espesa, le decía sollozando, con unos sollozos que más parecían balidos:

—¡Ay, qué hijo tan majo has perdido!

Y si en lugar del Galo era cualquiera de las chicas, la Caya balaba también y decía:

—¡Ay, qué hermano tan majo has perdido!

Un día a la Desi la cogió de mal temple y se revolvió:

—Un mediohermano y para eso tonto de nacimiento.

Entonces la Caya la sacudió tal bofetada que la chica permaneció cinco minutos privada junto al hogar. Desde entonces, cada vez que se iniciaba un invierno el oído derecho empezaba a zumbarle y a manarle y la chica se quedaba sorda de medio lado hasta la próxima primavera. No obstante, la Desi soportaba el desvarío de la Caya, hasta que una tarde, tres meses después, Eutiquio, el guardajurado, encontró al Galo ahogado en el almorrón. De primeras, la gente del pueblo empezó a hablar de suicidio, pero don Federico, el doctor, certificó que no, que simplemente el Galo se había privado al ir a beber porque su sangre era ya tan espesa que no podía correrle por las venas; que era talmente como cuando la acequia se aterraba y el agua no fluía.

Entonces empezó la desbandada. La Doro, la mayor, se casó con el Antonio y se fue a vivir a la Parrilla. La Silvina, la tercera, anunció su compromiso con el Eutropio, que tenía una buena hacienda del otro lado del río, para el otoño, pero la Caya se plantó y dijo que mientras no cumplieran la mayoría allí no habría más bodas. El Eutropio, entonces, tiró por la calle del medio, sacó anticipada a la Silvina y la Caya, a trancas y barrancas, accedió a que les echaran las bendiciones. La Candi, la segunda, se largó un día del pueblo sin dejar rastro y la Desi empezó a planear con la Alfonsina la manera de ponerse a servir. A la Alfonsina la encandilaba Madrid porque la Valen la escribió al fin y la decía: «Aquí cobra una doble jornal y tiene donde gastarlo.» Pero a la Desi, que era la más sensitiva de las hermanas, la escocía alejarse tantas leguas del Picaza y entonces decidió quedarse en la ciudad y le puso cuatro letras a la Marce, que se portó con ella como una hermana, la contestó a vuelta de correo y salió al coche a recibirla y aun le prestó 60 pesetas para que no se presentase donde el viejo sin maleta como una cualquiera.

La Desi, la muchacha, cada vez que evocaba su pasado se sofocaba y la dolía el oído y los pelos se la adherían a la frente y formaban un solo cuerpo con las cejas. Pero,

inevitablemente, sonreía, se encaraba con el viejo, levantaba los brazos como si fuera a volar y los dejaba caer
después sobre los costados en ademán de impotencia:

—Y aquí estoy porque he venido —decía.

El viejo, que mientras la Desi hablaba se dejaba arrullar
por su voz inflamada y permanecía con los párpados en-
tornados, como si dormitase, abría perezosamente un ojo
y decía un poco sobresaltado:

—¿Y qué fue de ese muchacho?

—¿Qué muchacho?

—El Zorro, hija, el de la horca.

La chica se propinaba un sonoro palmetazo en el muslo
y su rostro, de ordinario obstinado y cerril, se abría en una
fulgurante risotada:

—¡Qué Zorro ni qué demontre! El Raposo querrá usted
decir.

—Eso, hija; el Raposo.

—Le empapelaron. Pero no es ningún muchacho, no se
crea. Ese no cumple los treinta, ya ve.

El viejo suspiraba:

—¿Y aún sigue encerrado?

—La Silvina dice que para Pascua lo soltarán. El aboga-
do dijo que estaba de la cabeza por lo de la vaca. Ya ve
usted; los abogados en seguida lo arreglan todo.

—Eso.

Y la helada, fuera, entumecía los plátanos y hacía brillar
los tejados y ponía sordina en las calles y plazas de la
pequeña ciudad; y cuando la Desi, la muchacha, iniciaba
una nueva historia, el viejo se dejaba mecer por su voz,
extraía lentamente el pañuelo del bolsillo del batín, se
limpiaba mecánicamente la punta de la nariz y, por último, cruzaba los débiles brazos sobre el estómago en ademán protector y entornaba suavemente los párpados
como si dormitase.

XVI. PICARESCA

De donde no hay no se puede sacar, *dice un viejo adagio castellano. No obstante, el propio castellano trata de desmentir este aserto sacando algo de donde no lo hay. Víctor, el candidato a diputado, exclama ante sus amigos después de conocer al señor Cayo, el pleno deslumbramiento:* «Este tío, coño, es como Dios, de la nada saca cosas.» *Mas no quería referirme a esto ahora, o sea, al hecho o al dicho, también muy castellano, de que* «Fulano sea capaz de sacar pan de las piedras», *aludiendo a su tenacidad. A lo que iba es a que Castilla, paridora de pícaros en nuestra literatura clásica, continúa siendo hoy, como pueblo corto en recursos y largo en ingenio, un país en el que el hombre se las agencia por cualquier medio para ahorrar o multiplicar una peseta.*

Lejos del campo, donde ya dejé dicho que la laboriosidad es la tónica, en nuestras pequeñas capitales de provincia, el pícaro, astuto y avisado, adaptado a las nuevas circunstancias, subsiste como elemento definidor. En este sentido, creo que Lorenzo, el bedel protagonista de mis novelas Diario de un cazador *y* Diario de un emigrante, *es un digno exponente. Lorenzo, pese a su contraposición a la figura del castellano viejo que estoy tratando de caracterizar en estas páginas —un individuo juicioso, sumiso, lacónico, trabajador, fácil presa de rencillas, escéptico y fatalista—,*

sigue fiel a su espíritu en lo esencial, ya que, aparte de
sus tretas, su exultante alegría de vivir y de ser parti-
dario del mínimo esfuerzo, conecta con el castellano
rural, con el castellano de pura cepa, en su socarronería, su filosofía sentenciosa, su insobornable individualismo, su hospitalidad y tantas y tantas cosas. De entre
las notas de su diario, espigo unas cuantas que nos
darán idea de su perfil, el perfil de un pícaro siglo XX,
de raíz, entiendo yo, muy clásica y muy castellana:

26 setiembre, viernes

¡La madre se los pisa, vamos! Hoy abrió al cobrador de
la luz sin acordarse de quitar la horquilla. Por lo visto le
dio un repaso regular. Se enteraron las de enfrente y para
qué te voy a contar. La Carmina la llamó tramposa y beata
de las de aquí te aguardo. La madre no sabía cómo decír-
melo. Me he echado a la calle y he andado toda la tarde
como un zarandillo. Melecio me habló de su primo Esteban y fuimos juntos a su casa. Esteban dijo que todo
dependía de que el cobrador hubiera o no dado parte.
Luego me preguntó si era Sisinio quien tiene esa vereda.
Le dije que no lo sabía y él dijo que si era así, un muchacho más bien flaco, con cara de estreñido. Le dije que sí
y nos fuimos los tres a casa del tal Sisinio. Sisinio estaba
fuera y le aguardamos en el bar de la esquina. Me reco-
mían los nervios porque si don Basilio se lo cata no creo
que la cosa me haga mucho favor. Le quise explicar a
Esteban el asunto de la horquilla y me dijo que conocía
todas esas triquiñuelas y aún podía enseñarme otras. El tal
Esteban no hacía el favor de grado y me pareció que si
daba este paso era en atención a su primo. Melecio es un
individuo que se hace querer. Fuimos otra vez donde
Sisinio y al verle le reconocí y le dije a Esteban que sí era
el de mi vereda. Esteban, echándolo a barato, le preguntó
si había encontrado una horquilla en la cobranza de la
mañana. Dijo Sisinio que una horquilla y un imán. Este-

ban entonces le sacó de la habitación y les oímos cuchichear un rato en la cocina. Nos dejaron solos a Melecio y a mí con el padre de Sisinio, que se bañaba los pies en un balde. Cuando regresaron Sisinio y Esteban, Esteban dijo que todo estaba listo. Al despedirnos, me advirtió que anduviera con ojo porque todas esas gaitas están muy castigadas.

Melecio y yo hemos estado en casa recargando hasta las diez. A la madre le dije que en lo sucesivo retire la horquilla hasta para abrir al basurero. Hemos quedado con los de Tochano a las siete frente a la botica de Creus.

23 diciembre, martes

El monte de Villalba no tiene más inconveniente que el de ser del común, y ya se sabe lo que ocurre en este país con las cosas que son del común. Así y todo hay liebre en cantidad. Es un monte grande y cerrado y la caza se defiende bien. Zacarías había avisado a un primo suyo y nos esperaba a la entrada del pueblo con el camión del panadero. Hemos cazado de ojeo. Melecio llevó al Mele a pesar de que el tiempo está de helada. El chavea estaba negro y confundía las perdices con las urracas. Dimos tres ganchitos de salida y caímos dos liebres, dos perdices y una torcaz. Una de las liebres era un macho como un perro. Íbamos por el cuarto ojeo cuando apareció el jurado. El primo de Zacarías y su amigo escondieron las escopetas en un chaparro, pero al Pepe lo pilló in fraganti. El Pepe nunca lleva en regla los papeles. No tiene guía, ni permiso de armas y la licencia es del 44. El Pepe le dijo al jurado que era capitán de aviación y había olvidado los documentos en el campo. El jurado se echó a reír y le dijo que iba a retener la escopeta, y que al otro día podría volver en avión a mostrarle los papeles. El Pepe se cabreó y le dijo que la escopeta se la podía quedar, pero que de él no se cachondeaba ni su padre. Le di de codo al Pepe por el Mele, pero él como si nada. Soltó dos ajos y le dijo al guarda que no olvidase que hablaba con un oficial. El

jurado le tomaba a pitorreo. El primo de Zacarías le dijo
entonces que no fuera mala sangre y que si quería acom-
pañarnos a comer. El guarda le dijo que ya había comido
y le preguntó dónde había dejado su escopeta. El primo
de Zacarías se las sabe todas y le contestó que de sobra
sabía que él nunca llevaba armas. Visto lo visto, el Pepe
cambió de sistema. Le pidió la cartera a Tochano, le largó
un billete de cinco pavos al guarda y le dijo que no se
hablara más del asunto. El jurado dijo que por quién le
había tomado, y no hubo manera. Cuando nos sentamos
a comer le dije lealmente al Pepe que mejor le había ido
así, ya que su escopeta no vale un real. Se lo planté de
buena fe, pero él se cabreó y me dijo que no la cambiaba
por la mía ni aunque le diera diez pavos encima. Lo tomé
a guasa, porque la escopeta del Pepe está desgobernada,
tiene los tubos picados y no ve la grasa desde antes de la
guerra. El primo de Zacarías le dijo entonces que si apre-
ciaba el arma volviera al día siguiente con diez machacan-
tes. Por la tarde, cosa extraña, hicimos cuatro liebres más
y en seguida se llegó la hora. Sacamos pajas y el Pepe
cogió la pequeña, se endemonió y dijo que no quería
cazas. Melecio metió el cuezo y le dijo que le cedía su lote.
El Pepe, como si no le oyera, se puso a vocear que había
hecho tres piezas, le habían birlado la escopeta y para
acabar de gibarla le despachábamos con una liebre tiñosa.
Le hice ver que así es la caza y que otras veces mata menos
de lo que se lleva, pero no hubo manera. Al fin, Melecio,
por primo, cargó con la liebre del Pepe y el Pepe se llevó
la liebre grande y la perdiz de Melecio. En el camino
pinché y perdí media hora. No vuelvo a subir en la burra
aunque el tren llegue a las tantas.

30 marzo, lunes

El tiempo empieza a arreglarse. Hoy, siquiera, vimos el
sol. A ratos, pero lo vimos. Estuve donde don Rodrigo y
me facturó al empresario del Cine-Salón. Hablé con el

cabo y quedé en volver a la tarde, porque don Acisclo no
iba hasta las siete. Volví a las siete y don Acisclo me
recibió en el foyer. Me dijo que casualmente había una
plaza y que si me petaba podía quedarme. Acepté y él
entonces me explicó el horario y me dijo que eran ocho
pelas diarias. Empezaré después de Semana Santa. Antes
de marchar, charlé otra vez con el cabo, que tiene así una
cara como de estar mochales. Me dijo que hace veinte
años que existe allí una comandita para las propinas,
porque el pasillo central es negocio y los laterales, sobre
todo arriba, una miseria. Le dije que contase conmigo.
Luego le pregunté qué suponían las propis y contestó que
del orden de las 40 ó 50 semanales. Unos meses con otros,
450 líquidas, que no está mal. Después, el cabo me llevó
al ropero para que me probara el uniforme. Me quedaba
chico y el cabo dijo que no le chocaba porque Higinio, el
anterior, se había marchado a morir tísico a un Sanatorio.
Le dije lealmente que no estaba dispuesto a usar la misma
ropa que un tísico, pero el cabo se fue donde don Acisclo
y volvió con la embajada de que le sacara la sisa y los
botones y si me gustaba bien y si no ya conocía la puerta.
Vi allí las lámparas y le pregunté si también las pilas
corrían de nuestra cuenta. Respondió que no. Al despedirnos, me dijo Fermín, el cabo, que el Viernes Santo que
no hay función vaya por allí a tomar las medidas de la sala.
La madre se puso loca al saberlo.

3 abril, Viernes Santo

Pasé la tarde tomando las medidas a la sala. Fermín me
daba una fila y un número y yo los buscaba. La fila 15
tiene un pasillo más ancho por delante y lo guipé de
entrada para orientarme. Primero lo hice con luz y luego
a oscuras. Repetí varias veces. Según el cabo basta con
retener dos cosas: que los pares son a la derecha y que la
planta baja cuenta 34 filas y 19 el piso alto. Luego me
aconsejó que me detenga junto al cliente después de ser-

virle si quiero que se rasque el bolso. Le pregunté si eran frecuentes las propinas y me dijo que cada vez la gente es más amarreta y que si vivimos es gracias al pasillo central. Nos sentamos un rato y le pregunté si nadie sisaba a la comandita. Dice que aunque no hay control no es fácil, al menos en cantidad, pues existe una cifra aproximada para los días de estreno, otra para la noche del sábado, otra para la tarde del domingo y así todo. Me explicó luego que los turnos giran semanalmente, ya que todos hemos de pasar por todos los puestos. Por lo visto antes las parejas se colocaban atrás y soltaban buenas propinas para que no se les molestara, pero ahora, con la campaña gubernativa, la cosa ha variado.

Estuve a última hora con Anita a ver entrar a la Virgen.

6 abril, lunes

Pasé por casa de don Rodrigo a decirle que lo de la colocación es un hecho. Tenía sobre la mesa la liquidación de haberes de marzo y me la enseñó, advirtiéndome que mirase primero donde decía «líquido en nómina» y luego donde decía «neto a percibir». En «líquido en nómina» decía 1.940 pelas y en «neto a percibir» mil quinientas y tantas. Él se echó a reír y dijo que me fijase en las partidas a descontar. Eran cinco: Utilidades, Mutualidad, Pólizas, Habilitación y Defunciones. Yo, por caerle en gracia, le dije que era una vergüenza y me despedí para no empezar con retraso.

Para foguearme me han dado arriba. A las ocho no entraba un alma y Fermín me dijo que podía largarme a cenar para volver a las nueve y media. Hice 1,35 a todo tirar. Una risión, vamos. En cambio, Manolo, en el pasillo central, seis barbos. Cuando levantaba las butacas encontré un guante de señora y le dije, por guasa, al cabo si las cosas olvidadas eran para la comandita o para devolver. Creí que iba a gozarla, pero me preguntó qué era, y yo le dije que un guante y él me dijo, entonces, que lo dejara en el guardarropa. En la sesión de la noche se ocuparon veintidós butacas contadas. ¡Y para eso cuatro acomodadores! A las once me senté más tranquilo que el Bomba y me vi la película. Echan *Mi mula Francis* y pasé el rato. Luego me desvelé y sentí el exprés de Galicia.

7 abril, martes

Vi otra vez *Mi mula Francis*. Me reí con algunos golpes que se me pasaron el primer día. Bien mirado no es más que una pendejada.

8 abril, miércoles

Vi otra vez *Mi mula Francis*. Cada vez que el animal abría la boca ya me decía yo por dentro la gansada que iba a decir. Terminé con dolor de cabeza.

9 abril, jueves

Vi otra vez *Mi mula Francis*. Salí al foyer, pero allí seguía oyendo el habla del animal. Me encerré en el váter, pero que si quieres. Hasta allí llegaba la voz de la tía. Me vine para casa loco.

10 abril, viernes

Hoy estrenamos y no cabía en la sala un alfiler. Arriba hice 3,34 líquidas. Manolo, 58,60. Con unas cosas y otras me acosté a las dos. Ni tiempo he tenido para engrasar la escopeta. Esto no es vida.

12 abril, domingo

El domingo es en el cine como otro día cualquiera; peor que otro día cualquiera. Hay tres sesiones y mucho más personal. Me corresponde descansar mañana. Pero yo me pregunto: ¿qué puede hacer un hombre que descansa cuando los demás trabajan? Le dije a Fermín si será siempre así y me dijo que hay un turno. Total: un domingo libre al mes. Le pedí a Anita que no saliera y me dijo con muchos humos que con qué derecho la exigía eso. ¡Me cago en la pared! Me llevaron los demonios cuando la vi aparecer con la Mimi y el fogonero. Yo mismo les acomodé. Faustino no me reconoció y quiso darme una propi, pero yo me hice el ido. ¡También gibaría! A la salida, Anita pasó junto a mí como si no me conociera. ¡Se le caerán los anillos a la desgraciada!

13 abril, lunes

Empleé la tarde libre en la escopeta. Casi había criado gusanos. Pasé el cepillo de cerdas por los tubos y le puse grasa. Por ir con prisas partí la baqueta por uno de los empalmes. Melecio me aconseja que compre una de madera; dan mejor resultado. También dice que use tubos «Diana» para el engrase. Ciertamente la que uso ahora se reparte mal.

Salí con Anita a las siete y la encontré un poco chulilla. Le hice ver que el ponerme de acomodador no es capricho sino necesidad. Ella dice que no le va ni le viene eso, ni nada mío. Le pregunté por qué estaba así y ella dijo que no estaba de ninguna manera. ¡Como si yo no tuviera ojos! Le pregunté si había dicho algo la Mimi y ella dijo que, para no mentir, la Mimi dijo al verme que parecía un botones. Ya me olía yo que la pingo esa andaría por medio. La expliqué que el uniforme me estaba chico, pero le habían sacado las costuras hasta el tope. Luego pensé que estaba haciendo el cipote dándole razones y que ella y la Mimi y la Mimi y ella pueden pensar lo que les dé la gana. Nos separamos de morros. No me dormí hasta las tantas.

16 abril, jueves

Esta tarde llamé la atención a una pareja. El cabo me dijo que no me ande con contemplaciones y tome nombres. Por la noche vi *Ivanhoe* por séptima vez. No me importa, porque no es una pendejada como la de la mula y da algo de cultura. A la madre le volvieron los mareos. Después de comer se acostó, porque se le iba la cabeza.

27 abril, lunes

El vaina de Crescencio me confesó esta mañana que al chico no le gusta que ande por los pasillos entre clase y clase para no tropezársele cuando va con los amigos. El memo de él se ríe como si tuviera gracia y dice que son los pocos años. ¡No te giba! Si yo tuviera un hijo así, lo colgaría del palo de la bandera.

Esta tarde vi que se colaba el hermano de Fermín. Me fui donde el cabo y le pregunté si es que podemos meter de guagua a los nuestros. Le cabreó la cosa, pero no tuvo más remedio que decirme que en los últimos días, y sin abusar, no hay inconveniente.

3 junio, miércoles

Aprieta el sol. La casa está echando bombas. En un mes no se ha visto una nube. ¡Dios! Si sigue así, en agosto se van a cocer los pájaros. Dice Crescencio que buena diferencia con Santander. Ya le dije que tampoco aquí los dos últimos años hizo verano.

Colé esta tarde a la madre, que tenía capricho por ver *Me casé con una estrella,* de Sandrini. Fermín dejó que la acomodara y luego me dijo que Quintín le había dicho que estaba colando matute todos los días. Le respondí que era la cuarta vez que lo hacía y que en ese tiempo había visto allí a su hermano una docena de veces. El maula voceó

que no era cierto y que aunque lo fuese es diferente colar
una misma persona que gente distinta cada día. Luego
dijo que llevadas las cosas a este terreno aprovechaba para
decirme que el día que pasara a la novia no me pusiera de
plan con ella estando de uniforme. Le dije lealmente que
tomaba nota. La madre me dijo a la salida que se había
reído las muelas y que ahora que podemos entrar gratis
tengo que llevarla al cine más a menudo.

18 junio, jueves

El periódico trae mi fotografía y una reseña de la tirada.
Dice que mi triunfo fue una revelación y que «con un
estilo de furtivo, improvisado y ramplón, vencí a las me-
jores escopetas del país». ¡No te giba! Estos periodistas
son la oca. No saben elogiar sin ofender. Tochano quería
ir a pedir explicaciones. ¡Anda y que les den morcilla! Don
Basilio subió esta mañana a felicitar a la madre. En la calle
todo el mundo tiene algo que decirme. Anita iba hoy
conmigo más orgullosa que un ocho. En cambio a Fermín
no le duelen penas. En cuanto llegué esta tarde me dio un
repaso. Yo le dije que no todos los días se ganan doce
billetes. Él dijo que ni el gordo de Navidad le privaría a él
de acudir puntual al trabajo. Me atociné y le planté que
eso va en temperamentos. Luego cambió de conversación
y me dijo que sospecha que Manolo no entrega todo lo
que saca a la comandita. Le pregunté en qué se basa y dijo
que en los ingresos de otros años por estas fechas y en las
liquidaciones de los demás. Le dije que lo dejara de mi
cuenta. Si eso es cierto lo voy a saber a escape.

20 junio, sábado

Un día con otro los exámenes me dejan cinco barbos
líquidos. De fijo el que aprueba el Francés o el Alemán no
me deja con las manos vacías. A cada aprobado de estos

que canto suena una ovación. En cambio, no faltan todo el tiempo chavalas llorando por los rincones. Es la vida.

Le propuse a Melecio ir al cine esta tarde y aceptó. Le dije que diera a Manolo una peseta marcada con una cruz. A la hora de rendir cuentas, Manolo no entregó la pela marcada y Fermín le preguntó por ella. El cínico de él contestó que no le habían dado ninguna. Entonces llamé a Melecio, que se había aguardado a intención. El cabo le obligó a Manolo a sacar la cartera y allí tenía la pela de la cruz. Fermín le llamó una cosa gorda y dijo que en lo sucesivo podía campar por sus respetos. Manolo andaba acobardado y salió con que en casa había mucha necesidad, pero Fermín, que es un águila, le soltó que si se creía que no sabía que cada tarde tenía una partida interesada en el París. Manolo lloriqueó que no era interesada y el cabo dijo que echando por bajo cambiaban cinco duros de mano todos los días. Manolo se largó con las orejas gachas.

En la primera quincena de agosto tenemos permiso. Le pregunté a Fermín si no podía cambiarla por la segunda, pensando en la codorniz, pero me dijo que nones. ¡Esto no es vida!

XVII. DANZAS Y CANCIONES

Antonio Machado, poeta andaluz, impresionado por la austeridad de los lugareños sorianos, hace referencia a ellos en un verso duro y sombrío: «Atónitos palurdos sin danzas ni canciones», afirma. En rigor, el campo castellano nunca careció de folclore, de exaltaciones festeras, pero si el folclore debe ser revelador del carácter de un pueblo, parece coherente que el referente al castellano sea como él, parco y sobrio, tan alejado, por referirnos a dos manifestaciones extremas, de la explosión vital, proclive a la coreografía y al cante, del andaluz, como del derroche pirotécnico, atronador, del levantino.

No deja de ser curioso que el verso de Machado, como la frase de Azorín más arriba trascrita, tal vez hubiera sido válido hoy cuando muchas aldeas sorianas —y de otros puntos de Castilla— han quedado vacías y arruinadas con lo que no sólo han desaparecido las danzas y las canciones sino también la vida, pero no en los tiempos del poeta, cuando aún Castilla, bien que comedidamente, cantaba y danzaba, celebraba el final de la recolección con fiestas en honor de los respectivos Patronos, de las que aún guardan recuerdos añorantes los viejos supervivientes de estas tierras. El investigador y erudito vallisoletano Joaquín Díaz, con un fervor y una dedicación admirables, está tratando de rescatar ahora lo que fue aquel folclore:

romances, canciones, danzas originales aunque esca-
sas y localistas (la famosa Danza de Carnaval, por
ejemplo, que alegró no pocos de nuestros pueblos, en
la que un personaje —el murrio— seguramente conec-
tado con tradiciones antiquísimas y evocando, tal vez,
la figura del diablo, vagaba entre los danzantes levan-
tando las sayas a las mozas y provocando la hilaridad
general) y una instrumentación musical primaria,
aunque rica en ritmos, a base del almirez, la botella,
los hierros, la zambomba, las tejoletas, el pito de
caña, el arrabel (una sarta de manillas de cabra
engarzadas en una cuerda), la dulzaina, etc. Castilla
cantaba y danzaba, entonces, y canta y danza hoy en
las comunidades que han logrado sobrevivir a la iner-
cia de los tiempos, bien que de un modo poco personal
y un tanto pálido y monocorde.

Las danzas y canciones son también escasas en mis
novelas aunque no faltan. Las alusiones, e incluso las
descripciones de fiestas locales como las Aguedas, la
Pascuilla, la Octava, etc., están ahí. Mas estas fiestas,
religiosas y profanas, carecen de rasgos definidores,
de una vibración auténticamente personal, y, por ello,
he preferido traer aquí, antes que una fiesta, una
ceremonia ritual, común a toda la región, y muy
característica que desdeñando las incitaciones del pro-
greso, ha pervivido, con leves variantes, en todos los
pueblos de Castilla: me refiero a la matanza del cer-
do. Este rito que se inicia con las primeras heladas y en
el que se conjugan música y gastronomía, viene a apor-
tar un poco de calor humano al durísimo y prolongado
invierno de la meseta subrayando un costumbrismo que
en el aspecto folclórico, resulta un tanto átono y desco-
lorido. Vean el capítulo V de mi novela Las Ratas.

Por San Dámaso, la señora Clo, la del Estanco, mandó
razón al Nini, y le condujo hasta la pocilga:

—Tienta, hijo; ya está metido en arrobas, creo yo. —El
niño midió el marrano:

—Tiene una cuarta de lomo —dijo.

Pero llovía y nada se podía hacer. Para San Nicasio escampó, mas el Nini oteó el cielo y dijo:

—Deje, señora Clo, todavía hay blandura. Hemos de aguardar a que el cielo arrase.

Desde que tuvo uso de razón, el Nini siempre oyó decir que la señora Clo, la del Estanco, era la tercera rica del pueblo. Delante estaban don Antero, el Poderoso, y doña Resu, el Undécimo Mandamiento. Don Antero, el Poderoso, poseía las tres cuartas partes del término; doña Resu y la señora Clo sumaban, entre las dos, las tres cuartas partes de la cuarta parte restante y la última cuarta parte se la distribuían, mitad por mitad, el Pruden y los treinta vecinos del lugar. Esto no impedía a don Antero, el Poderoso, manifestar frívolamente en su tertulia de la ciudad que «por lo que hacía a su pueblo, la tierra andaba muy repartida». Y tal vez porque lo creía así, don Antero, el Poderoso, no se andaba con remilgos a la hora de defender lo suyo y el año anterior le puso pleito al Justito, el Alcalde, por no trancar el palomar en la época de sementera. Bien mirado, no pasaba año sin que don Antero, el Poderoso, armara en el pueblo dos o tres trifulcas, y no por mala fe, al decir del señor Rosalino, el Encargado, sino porque los inviernos en la ciudad eran largos y aburridos y en algo había de entretenerse el amo. De todos modos, por Nuestra Señora de las Viñas, la fiesta del pueblo, don Antero alquilaba una vaca de desecho para que los mozos la corriesen y apalearan a su capricho, y de este modo se desfogasen de los odios y rencores acumulados en sus pechos en los doce meses precedentes.

Tres años atrás, con motivo de esta circunstancia, el Nini estuvo a punto de complicar las cosas. Y a buen seguro, algo gordo hubiera ocurrido sin la intervención de don Antero, el Poderoso, que aspiraba a hacer del niño un peón ejemplar. El caso es que el Nini, compadecido de los desgarrados mugidos de la vaca en la alta noche, se llegó a las traseras de don Antero, el Poderoso, y le dio suelta. En definitiva de bien poco sirvió su gesto, ya que cuando el animal tornó al redil, tras una accidentada captura en el descampado, llevaba un cuerno tronzado, el testuz sangrante y el lomo literalmente cubierto de mataduras. Pero aún pudo embrollarse más el asunto, cuando Matías Celemín, el Furtivo, apuntó aviesamente: «Esto es cosa del bergante del Nini.» Menos mal que don Antero conocía ya sus habilidades y su ciencia infusa y le dijo al señor Rosalino, el Encargado: «¿No es el Nini el hijo del Ratero, el de la cueva, ese que sabe de todo y a todo hace?» «Ese, amo», dijo el señor Rosalino. «Pues déjale trastear y el día que cumpla los catorce le arrimas por casa.»

Durante el invierno, helaba de firme y don Antero, el Poderoso, asomaba poco por el pueblo. Tampoco la señora Clo ni el Undécimo Mandamiento asomaban por sus tierras en invierno ni en verano, ya que las tenían dadas en arriendo. Pero mientras doña Resu cobraba sus rentas puntualmente en billetes de banco, lloviera o no lloviera, helara o apedreara, la señora Clo, la del Estanco, cobraba en trigo, en avena o en cebada si las cosas rodaban bien y en buenas palabras si las cosas rodaban mal o no rodaban. Y en tanto el Undécimo Mandamiento no se apeaba del «Doña», la estanquera era la señora Clo a secas; y mientras el Undécimo Mandamiento era enjuta, regañona y acre, la señora Clo, la del Estanco, era gruesa, campechana y efusiva; y mientras doña Resu, el Undécimo Mandamiento, evitaba los contactos populares y su única actividad conocida era la corresponsalía de todas las obras pías y la maledicencia, la señora Clo, la del Estanco, era buena conversadora, atendía personalmente la tienda y el almacén y se desvivía antaño por la pareja de camachuelos, y hogaño por su marido, el Virgilio, un muchacho rubio, fino e instruido, que se trajo de la ciudad y del que el Malvino, el Tabernero, decía que había colgado el sombrero.

El Nini, el chiquillo, tuvo una intervención directa en el asunto de los camachuelos. Los pájaros se los envió a la señora Clo, todavía pollos, su cuñada, la de Mieres, casada con un empleado de Telégrafos. Ella los encerró en una hermosa jaula dorada, con los comederos pintados de azul, y les alimentaba con cañamones y mijo, y por la noche introducía en la jaula un ladrillo caliente forrado de algodones para que los animalitos no echasen en falta el calor materno. Ya adultos, la señora Clo sujetaba entre los barrotes de la jaula una hoja de lechuga y una piedrecita de toba, aquella para aligerarles el vientre y esta para que se afilasen el pico. La señora Clo, en su soledad, charlaba amistosamente con los pájaros y, si se terciaba, los reprendía amorosamente. Los camachuelos llegaron a considerarla una verdadera madre y cada vez que se aproximaba a la jaula el macho ahuecaba el plumón asalmonado de la pechuga como si se dispusiera a abrazarla. Y ella decía melifluamente: «¿A ver quién es el primero que me da un besito?» Y los pájaros se alborotaban, peleándose por ser los primeros en rozar su corto pico con los gruesos labios de la dueña. Aún advertía la señora Clo si regañaban entre sí: «Mimos, no, ¿oís? Mimos, no.»

Para San Félix de Cantalicio haría cuatro años, el Nini regaló a la señora Clo un nido vacío de pardillos, advirtiéndola que los camachuelos procreaban en cautividad y la mujer experimentó un júbilo tan intenso como si le anunciara que iba a ser abuela. Y, en efecto, una mañana al despertar, la señora Clo observó estupefacta que la hembra yacía sobre el nido y cuando ella se aproximó a la jaula no acudió a darle el beso acostumbrado.

El animalito no cambió de postura mientras duró la incubación y al cabo de unos días aparecieron en el nido cinco pollitos sonrosados y la señora Clo, enternecida, se precipitó a la calle y comenzó a pregonar la novedad a los cuatro vientos. Mas fue la suya una ilusión efímera, pues a las pocas horas morían dos de las crías y las otras tres comenzaron a abrir y cerrar el pico con tales apremios que se diría que les faltaba aire que respirar. La señora Clo envió razón al Nini y, aunque el niño, en las horas que siguieron, vigiló atentamente a los pájaros y se esforzó por hacerles ingerir bayas silvestres y semillas de todas clases, de madrugada murieron los otros tres pequeños camachuelos y la señora Clo, inconsolable, marchó a la ciudad, donde su hermana, para tratar de olvidar. Doce días más tarde regresó, y el Nini, que estaba junto a la Sabina, que había quedado al encargo de la tienda, observó que los ojos de la señora Clo resplandecían como los de una colegiala. Le dijo a la Sabina con torpe premura: «Para San Amancio estás de boda, Sabina; él se llama Virgilio Morante y es rubio y tiene los ojos azules como un dije.»

Y cuando el Virgilio Morante llegó al pueblo, tan joven, tan crudo, tan poca cosa, los labriegos le miraron con desdén y el Malvino empezó a decir en la taberna que el muchachito era un espabilado que había colgado el sombrero. Pero de que el Virgilio se tomó dos vasos y se arrancó por *Los Campanilleros* e hizo llorar al Tío Rufo, el Centenario, de sentimiento, cundió entre todos la admiración y un lejano respeto, y así que le echaban la vista encima le decían:

—Anda, Virgilín, majo, tócate un poco.

Y él les complacía o, si acaso, argumentaba:

—Hoy no, disculpadme, estoy afónico.

Y durante la matanza, las conversaciones en casa de la señora Clo dejaron de tener sentido. La gente acudía allí sólo por el gusto de oír cantar a Virgilín Morante. Y hasta el Nini, el chiquillo, que desde el fallecimiento de la abuela Iluminada ejercía de matarife, se sentía un poco disminuido.

Por San Albino el cielo arrasó y el Nini bajó al pueblo y paseó el cerdo de la señora Clo durante una hora y le dictaminó una dieta de agua y salvado. Dos días más tarde cayó sobre el pueblo una dura helada. Por entonces los escribanos y los estorninos ya habían mudado la pluma, luego era el invierno y los terrones rebrillaban de escarcha y se tornaron duros como el granito y el río bajaba helado, y cada mañana el pueblo se desperezaba bajo una atmósfera de cristal, donde hasta el más leve ruido restallaba como un latigazo.

Al llegar el Ratero y el Nini con el alba donde la señora Clo, reinaba en la casa un barullo como de fiesta. De la

ciudad habían bajado los sobrinos y también estaban allí
la Sabina y el Pruden y su chico, el Mamertito, y la señora
Librada, y Justito, el Alcalde, y el José Luis, el Alguacil,
y el Rosalino, el Encargado, y el Malvino, y el Mamés, el
Mudo, y el Antoliano y el señor Rufo, el Centenario, con
su hija la Simeona, y al entrar ellos, el Virgilio se había
arrancado con mucho sentimiento y todos escuchaban
boquiabiertos y al concluir le ovacionaron y el Virgilio,
para disimular su azoramiento, distribuyó entre la con-
currencia unos muerdos de pan tostado y unas copas de
aguardiente. La lumbre chisporroteaba al fondo y sobre la
mesa y los vasares la señora Clo había dispuesto, ordena-
damente, la cebolla, el pan migado, el arroz y el azúcar
para las morcillas. Al pie del fogón, donde se alineaban
por tamaños los cuchillos, había un barreñón, tres herradas y una caldera de cobre brillante para derretir la manteca.

En el corral, los hombres se despojaron de las chaque-
tas de pana y se arremangaron las camisas a pesar de la
escarcha y de que el aliento se congelaba en el aire. El
Centenario, en el centro del grupo, arrastraba pesadamen-
te los pies y se frotaba una mano con otra mientras salmo-
diaba: «En martes ni tu hijo cases ni tu cerdo mates.» La
señora Clo se volvió irritada al oírle: «Déjate de monser-
gas. Y si no te gusta, te largas.» Luego se fue derecha a su
marido, que se había arremangado como los demás y
mostraba unos bracitos blancos y sin vello, y le dijo: «Tú
no, Virgilio. Podrías enfriarte.»

El Antoliano abrió la cochiquera y tan pronto el marrano asomó la cabeza le prendió por una oreja con su mano
de hierro y le obligó a tumbarse de costado, ayudado por
el Malvino, el Pruden y el José Luis. Los chiquillos, al ver
derribado el cochino —que bramaba como un condenado
y a cada berrido se le formaba en torno al hocico una nube
de vapor—, se envalentonaron y comenzaron a tirarle del
rabo y a propinarle puntapiés en la barriga. Luego, entre
seis hombres, tendieron al animal en el banco y el Nini le
auscultó, trazó una cruz con un pedazo de yeso en el

corazón y cuando el tío Ratero acuchilló con la misma firmeza con que clavaba la pincha en el cauce, el niño volvió la espalda y fue contando, uno a uno, los gruñidos hasta tres. De pronto, el Pruden voceó:

—¡Ya palmó!

El Nini, entonces, dio media vuelta, se aproximó al cerdo y, con dedos expeditos, introdujo una hoja de berza en el ojal sanguinolento para reprimir la hemorragia y, finalmente, abrió la boca del animal y le puso una piedra dentro.

Los hombres hacían corro en derredor suyo y las mujeres cuchicheaban más atrás. Se oyó apagadamente la voz de la Sabina:

—¡Qué condenado crío! Cada vez que lo veo así me recuerda a Jesús entre los doctores.

El Nini procuraba ahuyentar el recuerdo de la abuela Iluminada para no cometer errores. Diestramente forró el cadáver del animal con paja de centeno y la prendió fuego; tomó una brazada ardiendo y fue quemando meticulosamente las oquedades de los sobacos, las pezuñas y las orejas. Se alzó un desagradable olor a chamusquina y, al concluir, el Mamertito, el chico del Pruden, y los sobrinos de la señora Clo descalzaron al bicho y comieron las chitas.

Había llegado el momento de la prueba, no porque el sajar al cerdo fuera tarea difícil, sino porque en esta coyuntura la referencia a la abuela Iluminada era inevitable. Al Nini le tembló ligeramente la mano que empuñaba el cuchillo cuando el Malvino voceó a su espalda:

—¡Ojo, Nini, tu abuela en este trance nunca hizo mierda!

El niño trazó mentalmente una línea equidistante de las mamas y tiró la bisectriz de la papada al ano sin vacilar. Luego, al dividir delicadamente la telilla intestinal de un solo tajo, le rodeó un murmullo de admiración. El hedor de los intestinos era fuerte y nauseabundo y él los volcó en herradas distintas y, para terminar, introdujo en la abertura dos estacas haciendo cuña. Al cabo, el Antoliano

y el Malvino le ayudaron a colgar el marrano boca abajo.
Del hocico escurría un hilillo de sangre fluida que iba
formando un pequeño charco rojizo sobre las lajas escar-
chadas del corral.

La señora Clo se aproximó al Nini, que se lavaba las
manos en una herrada, y le dijo cálidamente:

—Trabajas más aprisa y más por lo fino que tu abuela,
hijo.

El Nini se secó en los pantalones. Preguntó:

—¿Habrá que bajar al descuartizado, señora Clo?

Ella tomó una herrada de cada mano:

—Deja, para eso ya me apaño —dijo.

Se dirigió hacia la casa donde acababan de entrar los
hombres y desde la puerta voceó, ladeando un poco la
cabeza:

—Pasa a comer un cacho con los hombres, Nini.

En la cocina los invitados hablaban y reían sin fundamento, excepto el tío Ratero que miraba a unos y otros
estúpidamente, sin comprenderlos. Las narices y las orejas
eran de un rojo bermellón, pero ello no impedía que los
hombres se pasaran la bota y la bandeja sin descanso. De
súbito, el Pruden, sin venir a qué, o tal vez porque por San
Dámaso había llovido y ahora lucía el sol, soltó una risotada y después se dirigió al Nini en un empeño obstinado
por comunicarle su euforia:

—¿Es que no sabes reír, Nini? —dijo.

—Sí sé.

—Entonces, ¿por qué no ríes? Échate una carcajada,
leche.

El niño le miraba fija, serenamente:

—¿A santo de qué? —dijo.

El Pruden tornó a reír, esta vez forzadamente. Luego
miró a uno y otro, como esperando apoyo, mas como
todos rehuyeran su mirada, bajó los ojos y añadió os-
curamente:

—¡Qué sé yo a santo de qué! Nadie necesita un motivo
para reír, creo yo.

XVIII.   LOS APODOS Y LOS DÍAS

Quizá estas leves pinceladas quedarían un tanto incompletas si no aludiera aquí a una vieja costumbre castellana, según la cual ni los nombres cristianos ni el calendario, con sus meses y sus días, tienen en nuestros pueblos y aldeas el mismo significado que en otras partes. En Castilla los días se llaman santos y los hombres se llaman motes. Las referencias a un plazo, un ciclo o una faena agrícola no se designan por un guarismo seguido del nombre de un mes cualquiera, sino por el escueto nombre de un santo que lo resume todo. En Castilla nadie dirá «de 15 de julio a 15 de agosto» sino de Virgen a Virgen.

Los santos, antes que santos, son fechas concretas del calendario agrícola. Este hábito —como el de expresarse por aforismos— en cierto modo revelador de pereza mental, se torna agudeza y fuente de ingenio a la hora de rebautizar a los convecinos, lo que quiere decir que en Castilla, el santoral que es el calendario del campo, pierde toda virtualidad para designar a las personas, puesto que el apodo llega a imprimir carácter en nuestras pequeñas comunidades rurales. En Castilla, el pueblo no hace masa; es uno a uno. Así, del mismo modo que en El Camino, ni Daniel, ni Roque, ni Germán, los tres pequeños protagonistas, son tales, sino el Mochuelo, el Moñigo y el Tiñoso, en Las Ratas, *que es la novela de donde he tomado el*

*capítulo que sigue, no hay fecha o plazo que no vayan
referidos a un santo, ni apenas afirmación que no
pueda condensarse en una frase hecha, o a un pro-
verbio.*

La cigüeña casi siempre inmigraba a destiempo, lo que
no impedía que el Nini anunciase su presencia cada año
con varios días de antelación. En la cuenca existía desde
tiempo el prejuicio de que la cigüeña era heraldo de primavera, aunque en realidad, por San Blas, fecha en que
de ordinario se presentaba, apenas iba mediado el duro
invierno de la meseta. El Centenario solía decir: «En Castilla ya se sabe, nueve meses de invierno y tres de infierno.» Y raro era el año que se equivocaba.

El Nini, el chiquillo, sabía que las cigüeñas que anida-
ban en la torre eran siempre las mismas y no las crías,
porque una vez las anilló y al año siguiente regresaron con
su habitual puntualidad y los aros rebrillaban al sol en la
punta del campanario como si fueran de oro. Tiempo
atrás, el Nini solía subir al campanario cada primavera,
por la fiesta de la Pascuilla, y desde lo alto de la torre, bajo
los palitroques del nido, contemplaba fascinado la trans-
formación de la tierra. Por estas fechas, el pueblo resurgía
de la nada y al desplegar su vitalidad decadente asumía
una falaz apariencia de feracidad. Los trigos componían
una alfombra verde que se diluía en el infinito acotada por
la cadena de cerros, cuyas crestas agónicas se suavizaban
por el verde mate del tomillo y la aliaga, el azul aguado
del espliego y el morado profundo de la salvia. No obstante, los tesos seguían mostrando una faz torva que acentuaban las irisaciones cambiantes del yeso cristalizado y la
resignada actitud del rebaño de Rabino Grande, el Pastor,
ramoneando obstinadamente, entre las grietas y los guijos,
los escuálidos yerbajos.

Bajo el campanario se tendía el pueblo, delimitado por
el arroyo, la carretera provincial, el pajero y los establos
de don Antero, el Poderoso. El riachuelo espejeaba y
reverberaba la estremecida rigidez de los tres chopos de la

ribera con sus muñones reverdecidos. Del otro lado del río divisaba el niño su cueva, diminuta en la distancia, como la hura de un grillo, y según el cueto volvía, las cuevas derruidas de sus abuelos, de Sagrario, la Gitana, y del Mamés, el Mudo. Más atrás se alzaba el monte de encina del común y las águilas y los ratoneros lo sobrevolaban a toda hora acechando su sustento. Era, todo, como una portentosa resurrección, y llegada la Conversión de San Agustín, la fronda del arroyo rebrotaba enmarañada y áspera, los linderones se poblaban de amapolas y margaritas, las violetas y los sonidos se arracimaban en las cunetas húmedas y los grillos acuchillaban el silencio de la cuenca con una obstinación irritante.

Sin embargo, este año, el tiempo continuaba áspero por Santa María Cleofé, pese a que el calendario anunciara dos semanas antes la primavera oficial. Unas nubes altas, apenas tiznadas, surcaban velozmente el cielo, pero el viento norte no amainaba y las esperanzas de lluvia se iban desvaneciendo. Junto al arroyo, en las minúsculas parcelas donde alcanzaba el agua, sembraron los hombres del pueblo escarolas, acelgas, alcachofas y guisantes enanos. Otros segaron los cereales de las tierras altas para forrajes verdes y dispusieron la siembra de trigos de ciclo corto. Las yeguas quedaron cubiertas y con la leche de las cabras y las ovejas se elaboraron quesos para el mercado de Torrecillórigo. En las colmenas recién instaladas se hizo el oreo para evitar la enjambrazón prematura y el Nini, el chiquillo, no daba abasto para atender las demandas de sus convecinos:

—Nini, chaval, mira que quiero formar nuevas colonias. Si no cojo trigo siquiera que coja miel.

—Nini, ¿es cierto que si no destruyo las celdillas reales el enjambre se me largará? ¿Y cómo demontre voy a conocer yo las celdillas reales?

Y el Nini atendía a unos y a otros con su habitual solicitud.

Por San Lamberto, las nubes se disiparon y el cielo se levantó, y sobre los campos de cereales empezaron a for-

marse unos corros blanquecinos. El Pruden dio la alarma
una noche en la taberna:

—¡Ya están ahí las parásitas! —dijo—. La piedralipe no
podrá con ellas.

Le respondió el silencio. Desde hacía dos semanas no
se oía en el pueblo sino el siniestro crotorar de la cigüeña
en lo alto de la torre, y el melancólico balido de los
corderos nuevos tras las bardas de los corrales. Los hombres y las mujeres caminaban por las sórdidas callejas
arrastrando los pies en el polvo, la mirada ensombrecida,
como esperando una desgracia. Conocían demasiado bien
a las parásitas para no desesperar. El año del hambre el
«ojo de gallo» arrasó los sembrados y dos más tarde el
«cyclonium» no respetó una espiga. Los hombres del pueblo decían «cyclonium» entrecruzando los dedos mecánicamente, como veían hacer a don Ciro cada vez que soltaba cuatro latines desde el púlpito de la iglesia. A los más
religiosos se les antojaba una blasfemia que se llamara
«cyclonium» una parásita tan cruel y devastadora. No
obstante, fuese su nombre propio o impropio, el «cyclonium» se ensañaba con ellos, o, al menos, amagaba todos
los años por el mes de abril. El tío Rufo decía: «Si no fuera
por abril no habría año vil.» Y en el fondo de sus almas
los hombres del pueblo alimentaban un odio concentrado
hacia este mes versátil y caprichoso.

Por San Fidel de Sigmaringa, en vista de que la sequía
se prolongaba, doña Resu propuso sacar el santo para
impetrar la lluvia de lo Alto, siquiera don Ciro, el párroco
de Torrecillórigo, con su excesiva juventud y su humildad,
y su indecisa timidez, no les pareciera eficaz a los hombres
del pueblo para un menester tan trascendente. De don
Ciro contaban que el día que el Yayo, el herrador de
Torrecillórigo, mató a palos a su madre y tras enterrarla
bajo un montón de estiércol, se presentó a él para descargar sus culpas, don Ciro le absolvió y le dijo suavemente:
«Reza tres avemarías, hijo, con mucho fervor, y no lo
vuelvas a hacer.»

Con todas estas cosas la nostalgia hacia don Zósimo, el

Curón, se avivaba todo el tiempo. Don Zósimo, el antiguo Párroco, levantaba dos metros y medio y pesaba 125 kilos. Era un hombre jovial que no paraba nunca de crecer. Al Nini, su madre, la Marcela, le asustaba con él: «Si no callas —le decía—, te llevo donde el Curón, a que le veas roncar.» Y el Nini callaba porque aquel hombre gigantesco, enfundado de negro, con aquel vozarrón de trueno, le aterraba.

Y cuando las rogativas, el Curón no parecía implorar sino exigir y decía: «Señor, concédenos una lluvia saludable y haz correr por la sedienta faz de la tierra las celestiales corrientes» como si se dirigiera a un igual en una conversación confianzuda. Y con aquella su voz atronadora, hasta los cerros parecían temblar y conmoverse. En cambio, don Ciro, ante la Cruz de Piedra, se arrodillaba en el polvo y decía humillando la cabeza y abriendo sus débiles brazos: «Aplaca, Señor, tu ira con los dones que te ofrecemos y envíanos el auxilio necesario de una lluvia abundante.» Y su voz era débil como sus brazos, y los vecinos del pueblo desconfiaban de que una petición tan desvaída encontrara correspondencia en lo Alto. Y otro tanto sucedía en las Misiones. Don Zósimo, el Curón, cada vez que subía al púlpito era para hablarles de la fornicación y del fuego del infierno. Y peroraba con voz de ultratumba y, al concluir el último sermón, los hombres y mujeres abandonaban la parroquia empapados en sudor, lo mismo que si hubieran compartido con los réprobos durante unos días las penas del infierno. Por contra, don Ciro hablaba dulcemente, con una reflexiva, cálida ternura, de un Dios próximo y misericordioso, y de la justicia social y de la justicia distributiva y de la justicia conmutativa, pero ellos apenas entendían nada de esto y si aceptaban aquellas pláticas era únicamente porque a la salida de la iglesia, durante el verano, don Antero, el Poderoso, y el Manuel, el hijo mayor de don Antero, se enfurecían contra los curas que hacían política y metían la nariz donde no les importaba.

No obstante, el pueblo acudió en masa a los rogativas.

Antes de abrir el alba, tan pronto el gallo blanco del Antoliano lanzaba desde las bardas del corral su ronco quiquiriquí, se formaban torpemente dos filas oscuras que caminaban cansinamente siguiendo las líneas indecisas de los relejes. Paso a paso, los hombres y las mujeres iban rezando el rosario de la Aurora y a cada misterio hacían un alto y entonces llegaba a ellos el dulce campanilleo de las ovejas del Rabino Grande desde las faldas de los tesos. Y como si esto fuera la señal, el pueblo entonaba entonces desafinada, doloridamente, el «Perdón, oh Dios mío». Así hasta alcanzar la cruz de piedra del alcor ante la cual se prosternaba humildemente don Ciro y decía: «Aplaca, Señor, tu ira con los dones que te ofrecemos y envíanos el auxilio necesario de una lluvia abundante.» Y así un día y otro día.

Por San Celestino y San Anastasio concluyeron las rogativas. El cielo seguía abierto, de un azul cada día un poco más intenso que el anterior. No obstante, al caer el sol, el Nini observó que el humo de la cueva al salir del tubo se echaba para la hondonada y reptaba por la vertiente del teso como una culebra. Sin pensarlo más dio media vuelta y se lanzó corriendo cárcava abajo, los brazos abiertos, como si planeara. En el puentecillo de junto al arroyo divisó al Pruden encorvado sobre la tierra:

—¡Pruden! —voceó agitadamente, y señalaba con un dedo la chimenea, a medio cueto—: El humo al suelo, agua en el cielo; mañana lloverá.

Y el Pruden levantó su rostro sudoroso y le miró como a un aparecido, primero como con desconcierto pero, de inmediato, hincó la azuela en la tierra y sin replicar palabra se lanzó como un loco por las callejas del pueblo, agitando los brazos en alto y gritando como un poseído:

—¡Va a llover! ¡El Nini lo dijo! ¡Va a llover!

Y los hombres interrumpían sus tareas y sonreían íntimamente y las mujeres se asomaban a los ventanucos y murmuraban: «Que su boca sea un ángel», y los niños y los perros, contagiados, corrían alborozadamente tras el

Pruden y todos gritaban a voz en cuello: «¡Va a llover! ¡Mañana lloverá! ¡El Nini lo dijo!»

En la taberna corrió el vino aquella noche. Los hombres exultaban y hasta Mamés, el Mudo, se obstinaba en comunicar su euforia haciendo constantes aspavientos con sus dedos sobre la boca. Mas la impaciencia no les permitía a los hombres del pueblo traducir su lenguaje y Mamés gesticulaba cada vez más vivamente hasta que el Antoliano le dijo: «Mudo, no vocees así, que no soy sordo.» Y todos, hasta el Mamés, rompieron a reír y, a poco, el Virgilín comenzó a cantar *La hija de Juan Simón* y todos callaron, porque el Virgilín ponía todo su sentimiento, y sólo el Pruden le dio con el codo al José Luis y musitó: «Eh, tú, hoy está cantando como los ángeles.»

Al día siguiente, la Resurrección de la Santa Cruz, un nubarrón cárdeno y sombrío se asentó sobre la Cotorra Donalcio y fue desplazándose paulatinamente hacia el sudeste.

Y el Nini, apenas se levantó, lo escudriñó atentamente. Al fin se volvió hacia el Ratero y le dijo:

—Ya está ahí el agua.

Y con el agua se desató el viento y, por la noche, ululaba lúgubremente batiendo los tesos. El bramido del huracán desazonaba al niño. Se le antojaba que los muertos del pequeño camposanto, conducidos por la abuela Iluminada y el abuelo Román, y las liebres y los zorros y los tejos y los pájaros abatidos por Matías Celemín, el Furtivo, confluían en manada sobre el pueblo para exigir cuentas. Pero esta vez el viento se limitó a desparramar la gran nube sobre la cuenca y amainó. Era una nube densa, plomiza, como barriga de topo, que durante tres días con tres noches descargó sobre el término. Y los hombres, sentados a las puertas de las casas, se dejaban mojar mientras se frotaban jubilosos sus manos encallecidas y decían mirando al cielo entrecerrando los ojos:

—Ya están aquí las aguarradillas. Este año fueron puntuales.

A la mañana del cuarto día, el silencio despertó al Nini.

El niño se asomó a la boca de la cueva y vio que la nube había pasado y un tímido rayo de sol hendía sus últimas guedejas blancas y proyectaba un luminoso arco iris de la Cotorra Donalcio al Cerro Colorado. Al niño le alcanzó el muelle aroma de la tierra embriagada y tan pronto sintió cantar al ruiseñor abajo, entre los sauces, supo que la primavera había llegado.

XIX. EL ÉXODO

La desilusión producida por un esfuerzo socialmente despreciado y mezquinamente retribuido; la grisura de una vida lánguida, sin alicientes, en contraste con el ritmo aparentemente alegre, frívolo y desahogado, de la capital, y el atractivo de los salarios fijos, no pendientes de una nube, embaucó a la juventud campesina en la década de los 60, provocando un éxodo repentino a la ciudad, no preparada aún para recibir esta avalancha. Resultado: por un lado el desamparo del agro y, por otro, la aparición de los cinturones industriales de las ciudades, donde la promiscuidad y el chabolismo sentaron sus reales. Este proceso, aunque gradual, fue demasiado rápido, provocando los defectos que derivan de toda improvisación. De ordinario, el primer paso fue descender de la aldea a la cabecera de comarca, de aquí a la capital de provincia, y de la capital de provincia a la periferia o Madrid, y, por lo que se refiere a Castilla, en menor escala, al extranjero. En cualquier caso, muchos campos quedaron yermos, otros desatendidos, las familias rotas —los abuelos al cuidado de los nietos en espera de que los padres encontraran acomodo— y la cultura campesina en trance de desaparecer. Ciertamente al filo de los 60, la demografía rural castellana era demasiado alta pese a ser una región eminentemente agraria —quizá un 30 por 100 de su censo— ya que en

*los países más avanzados bastaba un tercio de esa
cifra para sostener la agricultura y aun un cuarto en
el caso de los Estados Unidos, país fuertemente mecanizado. El error, pues, no radicó en la entresaca de
población, que era conveniente, sino en la forma mul-
titudinaria, fulminante e indiscriminada con que se
produjo. De esta manera, el campo quedó en manos
de los viejos, cuya vida no podía prolongarse demasiado tiempo y de unas docenas de jóvenes, los más
rezagados, momentáneamente frenados por la crisis
de los 70, pero con las maletas hechas —esto es, ya
espiritualmente ausentes— prestos a marchar en cuanto la oportunidad surgiera. Esto quiere decir que, pese
al arraigo del castellano, las nuevas generaciones re-
nuncian al heroísmo y huyen allá donde barruntan
una vida más confortable, más acorde con lo que las
imágenes de la televisión les sugiere a diario.*

*Castilla se enfrenta, pues, con una disyuntiva a
corto plazo. En uno u otro sentido, su economía está
en trance de cambiar de signo. Los próximos años nos
dirán si Castilla la Vieja encuentra en una profunda
reforma agraria y en los planes de regadío e industrialización complementarios una, aunque tardía, y
casi inimaginable, redención o, por el contrario, la
contumaz indiferencia oficial y la huida irreversible
de la juventud terminan por convertirla en un enorme
pajonal, apto tan sólo para que los rebaños pasten en
sus laderas.*

*El problema del abandono del campo, tocado epi-
sódicamente por mí en* El Camino, La Hoja Roja,
Las Ratas, Las guerras de nuestros antepasados *y
otras novelas, muestra, a mi entender, todo su drama-
tismo en el capítulo V de* El diputado voto del señor
Cayo, *cuando los tres visitantes urbanos, dispuestos a
dar un mitin electoral, se encuentran un pueblo vacío,
con apenas dos vecinos, aferrados a una vida primiti-
va, aunque llena de autenticidad y hecha a la medida
humana.*

A la derecha del camino, el pueblo se apiñaba al abrigaño de la roca, entre la fronda de las hayas, emergiendo del sotobosque de zarzamoras, hierbabuena y ortigas. La vaguada se remataba allí, en una abrupta escarpadura cuyas crestas hendían el cielo anubarrado y en torno a las cuales revoloteaban las chovas, graznando destempladamente. De la piedra donde se asentaba el caserío brotaba un chorro de agua, desflecado en espuma, que se precipitaba desde una altura de veinte metros para perderse bajo el puentecillo, que ahora atravesaban, y encontrarse con el río en lo hondo del valle. Víctor golpeó con dos dedos el hombro de Rafa:

—Métete por ahí, tú.

—¿Por ahí? ¡Joder, si no cabemos!

Rafa, empero, dobló el volante y el automóvil abocó a una calleja estrecha y pina, flanqueada por casas de piedra de toba, con puertas de doble hoja, superpuestas, y galerías de balaustres de madera, deslucidos, en los pisos superiores. Los tejados vencidos, los cristales rotos, los postigos desencajados, la mala hierba obstruyendo los vanos, producían una impresión de sordidez y ruina. Laly sacó la cabeza por la ventanilla. Miró a un lado y a otro. Dijo:

—Esto está completamente abandonado.

—Sigue un poco —dijo Víctor.

La calleja serpeaba y, a los lados, se abrían oscuros angostillos de heniles colgantes, apuntalados por firmes troncos de roble, costanillas cenagosas generalmente sin salida, cegadas por un pajar o una hornillera. Frente a una casa de piedra labrada, con arco de dovelas, Rafa detuvo el coche. Salvo el ligero zumbido del motor y los gritos lúgubres de las chovas en la escarpa, el silencio era absoluto:

—¿Y esto? —señaló el arco—. ¿Qué pinta esto aquí?

Víctor examinó la casa con ojos expertos:

—Ya vi otras en Refico —dijo—. Incluso dos con portadas blasonadas. Esta zona tuvo su importancia en el XVII.

Rafa meneó la cabeza dubitativo y reanudó la marcha. La calle se estrechaba aún más:

—Joder, macho, da como miedo —dijo.

Dobló la esquina de un pajar desventrado, con las piedras al pie, y, al fondo de la calle, se hizo la luz. El coche accedió a una amplia explanada por medio de la cual corría un riachuelo cristalino —que parecía provenir de una gruta, excavada en la base de la escarpa— sobre un lecho de guijos blancos. Entre las hayas, en torno al arroyo, picoteaban unas gallinas rojas y, del otro lado de aquel, junto a un nogal, donde había amarrado un borrico ceniciento, se alzaba una casa con emparrado sobre la puerta y una galería con tiestos y ropa blanca tendida en un alambre.

Laly suspiró y se apeó del coche:

—Alguien ya hay —dijo aliviada.

En el muro ciego de un pajar, Ángel había pegado dos cartelones del líder y una leyenda debajo convocando al vecindario para un mitin a las cinco:

—Un mitin aquí, ¡no te jode! —dijo Rafa—. Este Dani es un quedón.

—Y ¿qué sabía Dani?

—Tampoco era tan difícil averiguarlo, macho.

Víctor guardó silencio. Contempló la doble fila de edificaciones paralelas al arroyo y luego levantó la cabeza, hacia las concavidades de las rocas en lo alto, donde las chovas armaban su loca algarabía. Respiró hondo y, finalmente, sonrió:

—¿Sabes qué te digo? Que sólo por ver esto, ya valía la pena el viaje.

—Joder, si es por eso, me callo.

Una voz levemente empañada, comedidamente cordial, les alcanzó desde el otro lado del riachuelo:

—Buenas...

Los tres se sobresaltaron. Un hombre viejo, corpulento, con una negra boina encasquetada en la cabeza y pantalones parcheados de pana parda, les miraba taimadamente, desde la puerta, bajo el emparrado de la casa. Víctor, al verle, franqueó la lancha que salvaba el arroyo y se dirigió resueltamente hacia él:

—Buenas tardes —dijo al llegar a su altura—. Dígame. ¿Podríamos hablar un momento con el señor Alcalde?

El hombre le miraba con sus azules ojos desguarnecidos en los que aparecía y desaparecía una remota chispa de perplejidad.

—Yo soy el Alcalde —dijo jactanciosamente.

Portaba una escriña en la mano derecha y una escalera en la izquierda. Víctor se aturdió:

—¡Oh!, perdone —dijo—. Venimos por lo de las elecciones ¿sabe?

—Ya —dijo el hombre.

—¿Sabrá usted que el día 15 hay elecciones, verdad?

—Algo oí decir en Refico la otra tarde, sí señor.

Víctor observaba los bordes pardos, deslucidos por el viento y las lluvias, de la boina del hombre, su hablar mesurado y parsimonioso. Vaciló. Al fin se volvió atropelladamente hacia Laly y Rafa:

—Estos son mis compañeros —dijo.

En el rostro del hombre, de ordinario impasible, se dibujó una mueca ambigua. Adelantó hacia ellos, a modo de justificación, la escriña y la escalera:

—Tanto gusto —dijo—. Disculpen que no les pueda ni dar la mano.

En la puerta de la casa apareció un perro descastado, la oreja derecha erguida, la izquierda gacha, el rabo recogido entre las patas y se dirigió a Víctor rutando imperceptiblemente.

—¡Quita, chito! —dijo el hombre, moviendo enérgicamente la cabeza hacia un lado.

El perro cambió de dirección y se parapetó tras él. El viejo apoyó los pies de la escalera en el suelo y penduleó la escriña. Dijo Víctor:

—Diga usted, ¿no habrá por aquí un local donde reunir a los vecinos?

—¿Qué vecinos? —preguntó el hombre.

—Los del pueblo.

—¡Huy! —dijo el viejo sonriendo con represada malicia—. Para eso tendrían ustedes que llegarse a Bilbao.

—¿Es que sólo queda usted aquí?

—Como quedar —dijo el viejo indicando con la escriña la calleja— también queda *ese,* pero háganse cuenta de que si hablan con *ese* no hablan conmigo. De modo que elijan.

Rafa, tras Víctor, le dijo a Laly a media voz: «Ahora sí que la hemos cagado.» Sacó del bolsillo del pantalón un paquete de tabaco y ofreció al hombre un cigarrillo:

—Gracias, no gasto.

Víctor insistió:

—¿De modo que sólo quedan ustedes dos?

—Ya ve, y todavía sobramos uno. Aquí contra menos somos, peor avenidos estamos.

Víctor puso el pie derecho en el poyo de la puerta y se acodó en el muslo. Dijo forzadamente, con notoria incomodidad:

—En realidad nosotros sólo pretendíamos charlar un rato con ustedes, informarles.

Brilló de nuevo el asombro en las pupilas del viejo:

—¡Toó, lo que es por mí, ya puede usted informarme!

La cabeza de Víctor osciló de un lado a otro:

—Bueno —dijo, al cabo—, así, en frío, mano a mano, no es fácil, compréndalo... Pero, en fin, lo primero que debemos decirle es que estas elecciones, las elecciones del día 15, son fundamentales para el país.

—Ya —dijo lacónicamente el viejo.

—O sea, que es una oportunidad, casi le diría la oportunidad, y si la desaprovechamos nos hundiremos sin remedio, esta vez para siempre.

El rostro del viejo se ensombreció. Parpadeó por dos veces. Se tomó un poco de tiempo antes de preguntar:

—Y ¿dónde vamos a hundirnos, si no es mala pregunta?

Víctor se acarició las barbas:

—Bueno —respondió—, eso es largo de explicar. Nos llevaría mucho tiempo.

Bajó el pie al suelo y dejó caer los brazos a lo largo del cuerpo, desalentado. Laly se llegó al riachuelo y metió la mano en el agua. La sacó al instante, como si se hubiese quemado:

—Está helada —dijo.

El hombre miró a la gruta:

—A ver, es agua de manantial.

Laly se aproximó a él:

—¿Es este el arroyo que arma la cascada ahí abajo, a la entrada del pueblo?

—¿Las Crines?

—No sé, digo yo que serán las Crines.

—Esta agua es —sentenció el hombre.

En el hueco negro de la puerta, bajo la parra, apareció una mujer vieja, de espaldas vencidas, enlutada, con un pantalón atado bajo la barbilla y una lata entre las manos temblorosas. El hombre ladeó la cabeza y dijo a modo de presentación:

—Aquí, ella; es muda.

Laly y Víctor sonrieron:

—Buenas tardes.

La vieja correspondió con una inclinación de cabeza, se adelantó hasta el borrico, bajo el nogal, y comenzó a emitir unos ásperos sonidos guturales, como carraspeos, al tiempo que desparramaba, a puñados, el grano de la lata. Las gallinas rojas de las cascajera acudieron presurosas a la llamada y comenzaron a picotear en torno a ella. Rafa miró a lo alto, a las chovas de los cantiles:

—¿Y no les hacen nada los bichos esos a las gallinas?

En la boca del viejo se dibujó una mueca despectiva:

—¿La chova? —inquirió burlonamente—. La chova, por lo regular, no es carnicera.

Al concluir el grano, la mujer dio vuelta a la lata y sus dedos descarnados tamborilearon insistentemente en el envés, y dos gallinas rezagadas corrieron hacia ella desde la gruta. Víctor se sacudió una mano con otra. Le dijo al viejo:

—Bueno, creo que estamos importunándole.

—Por eso, no —replicó el hombre. Y añadió como justificándose—: Iba a coger un enjambre, si ustedes quieren venir...

A Víctor se le iluminó la mirada:

—¿De veras no le importa que le acompañemos?

—¡Toó! Y ¿por qué había de importarme?

—En realidad —prosiguió Víctor, intentando de nuevo una aproximación— todavía no nos hemos presentado. Yo me llamo Víctor, mi amiga Laly y mi amigo, Rafael. ¿Cuál es su nombre?

—Cayo, Cayo Fernández, para servirles.

—Pues nada, señor Cayo, si me permite, le echo una mano —asió la escalera por un larguero.

El señor Cayo sonrió. La mirada perspicaz ennoblecía su media sonrisa desdentada, entre condescendiente e irónica. Le cedió la escalera:

—Si ese es su gusto.

Víctor la tomó. Exclamó sorprendido:

—Si no pesa, parece corcho, ¿de qué madera es esto?

—Chopo. El chopo es ligero y aguanta.

Precedidos por el señor Cayo, doblaron la esquina de la casa y abocaron a un sendero entre la grama salpicada de chiribitas. A mano izquierda, en la greñura, se sentía correr el agua. Laly se acercó a la maleza y arrancó una flor silvestre, formada por la conjunción de muchos botones, blanca y grácil, abierta como una breve sombrilla:

—¿Que flor es esta? —preguntó y la hacía girar por el tallo, entre dos dedos.

El señor Cayo la miró fugazmente:

—El saúco es, la flor del saúco. Con el agua de cocer esas flores, sanan las pupas de los ojos.

Laly se la mostró a Víctor:

—¿Te das cuenta?

El señor Cayo, penduleando la escriña, ascendió por la senda, bordeada ahora de cerezos silvestres y, al alcanzar el teso, se detuvo ante la cancilla que daba acceso a un corral sobre cuyas tapias de piedra asomaban dos viejos robles. En un rincón, al costado, se levantaba un cobertizo para los aperos y, al fondo, en lugar de tapia, la hornillera con una docena de dujos. Dentro de la cerca, las abejas bordoneaban por todas partes. El señor Cayo se aproximó al primer roble, levantó el brazo y señaló a la copa con un dedo:

—Miren —dijo y sonreía complacido—: Hace más de quince años que no agarro un tetón así.

Laly, Víctor y Rafa miraron hacia la copa del roble. De una de las ramas altas pendía un gran saco negruzco, en torno al cual revoloteaban las abejas en vuelos espasmódicos, de ida y vuelta.

Fue Rafa el primero en advertir:

—¡Joder, si son todo abejas!

—¿Cuál es todo abejas? —preguntó Laly.

—¡Joder, cuál! El saco ese que cuelga de la rama. ¿Es que no las ves?

Víctor exultó:

—¡Es cierto, tú! Están unas encima de otras. ¿No las ves moverse?

El viejo les contemplaba con pueril satisfacción. Las abejas caminaban unas sobre otras, avanzaban, retrocedían, sin levantar el vuelo. El señor Cayo se empinó, cortó un carraspo de la rama más baja y lo introdujo en la escriña, sacando el rabo por el agujero. Se llegó al chamizo, cogió el humeón y rellenó de paja el depósito. Parsimoniosamente raspó un fósforo y le prendió fuego. La paja ardía sin llama, como un pequeño brasero de picón de encina. Depositó el humeón en el suelo, tomó con un dedo una pella de miel y untó las hojas exteriores del carraspo. Reunió todo y regresó junto al árbol. Laly, Víctor y Rafa continuaban embobados, observando las evoluciones de las abejas del tetón:

—¿Qué?

Dijo Víctor sin dejar de mirar a lo alto:

—Oiga usted, ¿y por qué se posan todas juntas?

—La abeja posa donde posa la reina.

—Y ¿si la reina se larga?

—Todas detrás, es la regla.

Las preguntas se encadenaban en los labios de Víctor:

—Y si usted no las coge ahora, ¿se quedarían ahí de por vida?

Bajo el añoso roble, la voz calmosa del señor Cayo, cobraba un noble acento profesoral:

—¡Quia, no señor! Las emisarias andarán ya por ahí, desde hace rato, buscando casa.

—Y ¿si no la encuentran?

—Raro será. Pero, mire, si no la encuentran o en la casa que han escogido se las hostiga, los animalitos vuelven a la madre.

—¿A la madre?

—Al dujo de donde salieron.

Víctor se cruzó de brazos, sonriente. Miró a Laly:

—Es increíble.

El señor Cayo afianzó la escalera en el primer camal:

—Lo que va a hacer ahora el señor Cayo —dijo— es darles la casa que buscan. ¿Me aguanta usted la escalera?

Víctor puso el pie en el primer peldaño. El señor Cayo cogió la escriña con una mano y el humeón con la otra y comenzó a trepar, sujetándose a los largueros con las muñecas, ágilmente, sin vacilaciones. Una vez arriba, comenzó a hablar en un murmullo apenas audible, en un tono monocorde, entre amistoso y de reconvención, persuasivo:

—Ahora, en diez minutos, todas adentro. Así, a ver, con calma. Un poquito de humo y arriba. —Colocó la escriña boca abajo de forma que las hojas del carrasco untadas de miel rozasen la rama de la que pendía el tetón y accionó el fuelle del humeón lentamente, con las dos manos:

—Vamos, poco a poco, así. Otro poquito de humo y todas adentro.

Paulatinamente la gran bolsa oscura se iba disolviendo. El tetón ya no tenía vértice, se había convertido en un fondo de saco romo, distendido, y las abejas seguían trepando unas sobre otras, hacia la boca de la escriña, sin levantar el vuelo. Cuando todas estuvieron dentro, el señor Cayo dejó caer al suelo el humeón y comenzó a descender por la escalera con la misma resolución que ascendiera antes. Víctor le observaba atenta, admirativamente:

—¿Qué edad tiene usted, señor Cayo?

—¿Yo? Para San Juan Capistrano los ochenta y tres.

Rafa agitó ruidosamente el dedo índice contra los otros tres:

—¡Ostras, ochenta y tres años y subiéndose a los árboles!

Laly estaba pendiente de la escriña que se balanceaba en la mano del viejo mientras descendía la escalera. Dijo asombrada:

—Pero no se cae ninguna, oiga.

—¡Toó! Y ¿por qué habían de caerse? Ya saben agarrarse, ya —dijo el señor Cayo.

Cuando llegó al suelo, metió la mano en el bolsillo del remendado pantalón y sacó de él un trapo blanco. Se acuclilló junto a la hornillera y extendió aquel en el suelo, haciendo coincidir el extremo con la hendidura de un dujo. El señor Cayo se movía lenta, aplicadamente, sin un solo movimiento superfluo. Víctor no le quitaba ojo. Dijo de pronto:

—Diga usted, ¿y esos troncos metidos en la tapia?

El señor Cayo señaló a la hornillera, los troncos grises, hendidos, empotrados entre las piedras amarillas:

—¿Esto? —dijo—. Los dujos son, a ver, las colmenas.

Las abejas entraban y salían por las hendiduras, entraban lentamente, mediante un esfuerzo, y salían ligeras, dispuestas nuevamente al vuelo. Añadió el señor Cayo:

—Mire, mire, cómo se afanan.

Cogió la escriña y la sacudió golpeando el suelo reiteradamente con uno de los bordes. Del cesto se desprendió el enjambre que quedó amontonado, burbujeante y negro, sobre el trapo. Algunas abejas aisladas levantaban el vuelo y zumbaban, insistentes, en torno suyo. Rafa comenzó a hacer nerviosos aspavientos con ambos brazos. Dijo el señor Cayo:

—Déjelas quietas, no las hostigue.

—¡Joder, no las hostigue! Y ¿si me pican?

—Qué han de picar, la abeja enjambrada no pica.

Víctor contemplaba arrobado el montón de insectos, que, poco a poco, pero de manera ostensible, como minutos antes en el árbol, se iba reduciendo. Las primeras avanzadillas, caminando ligeras sobre el trapo, se adentraban ya por la ranura del dujo.

—Ya entran —dijo Víctor—. Es alucinante.

El señor Cayo, que vigilaba de cerca el comportamiento de los insectos, frunció sus cejas canosas con reprimido enojo:

—Entran, entran, pero no muy voluntarias.

Agarró delicadamente las puntas exteriores del trapo y levantó este lentamente, formando un plano inclinado, empujando con suavidad al enjambre hacia la colmena. Varias abejas treparon por sus dedos, a paso vivo, por sus brazos, y se le apiñaban, luego, en la espalda y la culera de los pantalones. Otras mosconeaban alrededor del grupo, encolerizadas. Rafa se excitó:

—¡Tiene usted más de una docena posadas en el culo, señor Cayo!

El señor Cayo, arqueado sobre el trapo, le miró de soslayo:

—Y ¿qué mal hacen ahí? —preguntó—. Déjelas estar, una vez que entre la reina, todas detrás.

Se inclinó sobre el enjambre y prosiguió, como hablando consigo mismo:

—No entran muy voluntarias, no señor. Yo no sé qué las pasa hoy.

Eran cada vez más las abejas que levantaban el vuelo y zumbaban alrededor de los robles. El señor Cayo se volvió hacia Víctor:

—¿Me alcanza el humeón?

—¿El fuelle ese?

—El fuelle, sí señor.

Víctor alargó el humeón al señor Cayo. Dijo este:

—No, usted, haga el favor.

—¿Yo? —dijo Víctor, intimidado.

—Usted, sí señor, es fácil. Arrime la boca al enjambre y dé tres soplidos, sólo tres, ¿oye?

Víctor, poseído de una alegría infantil, accionó torpemente el fuelle por tres veces. Rafa rompió a reír y se golpeó los muslos con las palmas de las manos:

—¡Joder, qué foto tienes, Diputado!

Dijo el señor Cayo:

—Ya basta.

Acosadas por el humo, las abejas que aún yacían en el trapo comenzaron a desplazarse apresuradamente hacia el gárgol. Añadió el señor Cayo:

—Cuando yo le diga, dé usted otros tres, haga el favor.

Al cabo de unos minutos, el montón de abejas había desaparecido por la hendidura y apenas quedaban unas cuantas revoloteando alocadamente alrededor. El señor Cayo se enderezó, las manos en los riñones, plegó el trapo y volvió a guardarlo en el bolsillo. Luego volcó la paja del humeón en el suelo y aplastó la lumbre con el pie. Se sujetó la boina:

—Ya vale —dijo.

Se encaminó lentamente hacia el chamizo de los aperos. Laly, Víctor y Rafa le seguían, comentando. Inopinadamente, el señor Cayo se detuvo, la cabeza ladeada, las pupilas en los vértices de los ojos, inmóvil como un perro de muestra:

—Quietos —dijo con energía. Se dirigió indistintamente al grupo, sin moverse—: ¿Me alarga usted un palo?

Víctor se adelantó hasta unas leñas amontonadas al costado del chamizo y le entregó una:

—¿Vale?

—Qué hacer.

Con insospechada rapidez, el señor Cayo levantó el palo por encima de su cabeza y lo descargó contundentemente contra el suelo, junto a un tomillo. Arrojó el palo lejos de sí y rompió a reír al tiempo que se agachaba e izaba, prendido con dos dedos por la pata trasera, un lagarto verde con la cabeza destrozada. Dio media vuelta y se lo mostró:

—¿Se dan cuenta? Este bicho, para las abejas, peor que el picorrelincho. ¡Peor, dónde va! El lagarto, cuando se envicia, se hace muy lamerón.

XX. EL CASTELLANO ANTE EL PROGRESO

La emigración campesina, contrariamente a lo acaecido en otras regiones, no se ha producido en Castilla, al menos en amplias zonas, por un caso de extrema necesidad, lo que equivale a decir que aún hoy en día existen términos municipales donde las tierras —en muchos casos marginales— no se cultivan o se cultivan parcialmente, y los frutos de los árboles no se recogen por falta de brazos. Lo que empezó, pues, siendo un fenómeno socioeconómico de acomodación —los jóvenes encontraban cada día mayores dificultades de trabajo en el campo— se ha convertido en un fenómeno de mimesis: ¿Dónde va Vicente? Donde va la gente. De este modo, paso a paso, las aldeas se han ido despoblando y el caso del señor Cayo, aunque límite, no es excepcional en los pueblos serranos de la zona norte de Castilla y León, donde apenas permanecen aquellos seres para los que, dadas su edad o sus condiciones personales, no queda sitio en la ciudad, o aquellos otros, más sentimentales, que eligieron para morir el mismo lugar donde nacieron. Se ha producido así una contraposición entre viejos y jóvenes, entre los que optaron por la fidelidad a la tierra, con todos los sacrificios inherentes a esta actitud y los que optaron por el progreso —a mi juicio mal entendido— y, concretamente, por el consumo. Es un enfrentamiento, por decirlo de alguna manera, entre calidad y cantidad de vida, pero como los emigrados lo han sido en proporción ingente, y, por añadidura, son los jóvenes, los que quedan, pocos y envejecidos, de no sobrevenir un milagro, pueden ser considerados como los últimos exponentes de un modo de vida que desaparecerá con ellos.

Yo podría apelar a varios de mis relatos para reflejar esta antinomia pero, por una vez, y para rematar estas páginas, voy a erigirme en portavoz de estos seres marginados y recurrir al ensayo —género que inicialmente rehusé— transcribiendo los últimos párrafos de mi discurso de ingreso en la Real Academia Española, titulado «El sentido del progreso desde mi obra», escrito en 1973 y posteriormente recogido, junto a otros trabajos, en mi libro S.O.S. En este breve estudio salgo al paso de quienes, a la vista de alguna de mis novelas, me tildaron de reaccionario, sin querer advertir que yo no rechazo el progreso en cuanto tal, sino una orientación del progreso que considero torpe e irracional por el doble motivo de que deshumaniza al hombre y destruye la naturaleza. Veamos estas páginas:

A la vista de los papeles garrapateados por mí hasta el día no necesito decir que el actual sentido del progreso no me va, esto es, me desazona tanto que el desarrollo técnico se persiga a costa del hombre como que se plantee la ecuación Técnica-Naturaleza en régimen de competencia. El desarrollo, tal como se concibe en nuestro tiempo, responde, a todos los niveles, a un planteamiento competitivo. Bien mirado, el hombre del siglo XX no ha aprendido más que a competir y cada día parece más lejana la fecha en que seamos capaces de ir juntos a alguna parte. Se aducirá que soy pesimista, que el cuadro que presento es excesivamente tétrico y desolador, y que incluso ofrece unas tonalidades apocalípticas poco gratas. Tal vez sea así: es decir, puede que las cosas no sean tan hoscas como yo las pinto, pero yo no digo que las cosas sean así, sino que, desgraciadamente, yo las veo de esa manera. Por si fuera poco, el programa regenerador del Club de Roma con su fórmula del «crecimiento cero» y el consiguiente retorno al artesanado y «a la mermelada de la abuelita», se me antoja, por el momento, utópico e inviable. Falta una autoridad universal para imponer estas normas. Y aunque la hubiera: ¿cómo aceptar que un gobierno planifique nuestra propia familia? ¿Sería justo decretar un alto en el desarrollo mundial cuando unos pueblos —los menos— lo tienen todo y otros pueblos —los más— viven en la miseria y la abyección más absolutas? Sin duda la puesta en marcha del programa restaurador del Club de Roma exigiría unos procesos de adaptación éticos, sociales, religiosos y políticos, que no pueden improvisarse. O sea, hoy por hoy, la Humanidad no está preparada para este salto. Algunas gentes, sin embargo, ante la repentina crisis de energía que padece el mundo, han hablado, con tanta desfachatez como ligereza, del fin de la era del consumismo. Esto, creo, es mucho predecir. El mundo se acopla a la nueva situación, acepta el paréntesis; eso es todo. Mas, mucho me temo que, salvadas las circunstancias que lo motivaron, la fiebre del consumo se despertará aún más voraz que antes de producirse. Cabe, claro está, que la crisis se prolongue, se haga endémica, y el hombre del siglo XX se vea forzado a alterar sus supuestos. Mas esta alteración se soportará como una calamidad, sin el menor espíritu de regeneración y enmienda. En este caso, la tensión llegará a hacerse insoportable. A mi entender, únicamente un hombre nuevo —humano, imaginativo, generoso— sobre un entramado social nuevo, sería capaz de afrontar, con alguna posibilidad de éxito, un programa restaurador y de encauzar los conocimientos actuales hacia la consecución de una sociedad estable. Lo que es evidente, como dice Alain Hervé, es que a estas alturas, si queremos conservar la vida, hay que cambiarla.

Pero a lo que iba, mi actitud ante el problema —actitud

pesimista, insisto— no es nueva. Desde que tuve la mala ocurrencia de ponerme a escribir, me ha movido una obsesión antiprogreso, no porque la máquina me parezca mala en sí, sino por el lugar en que la hemos colocado con respecto al hombre. Entonces, mis palabras de esta noche no son sino la coronación de un largo proceso que viene clamando contra la deshumanización progresiva de la Sociedad y la agresión a la Naturaleza, resultados, ambos, de una misma actitud: la entronización de las cosas. Pero el hombre, nos guste o no, tiene sus raíces en la Naturaleza y al desarraigarlo con el señuelo de la técnica, lo hemos despojado de su esencia. Esto es lo que se trasluce, imagino, de mis literaturas y lo que quizá indujo a Torrente Ballester a afirmar que para mí «el pecado estaba en la ciudad y la virtud en el campo». En rigor, antes que menosprecio de corte y alabanza de aldea, en mis libros hay un rechazo de un progreso que envenena la corte e incita a abandonar la aldea. Desde mi atalaya castellana, o sea, desde mi personal experiencia, es esta problemática la que he tratado de reflejar en mis libros. Hemos matado la cultura campesina pero no la hemos sustituido por nada, al menos, por nada noble. Y la destrucción de la Naturaleza no es solamente física, sino una destrucción de su significado para el hombre, una verdadera amputación espiritual y vital de este. Al hombre, ciertamente, se le arrebata la pureza del aire y del agua, pero también se le amputa el lenguaje, y el paisaje en que transcurre su vida, lleno de referencias personales y de su comunidad, es convertido en un paisaje impersonalizado e insignificante.

El éxodo rural, por lo demás, es un fenómeno universal e irremediable. Hoy nadie quiere parar en los pueblos porque los pueblos son el símbolo de la estrechez, el abandono y la miseria. Julio Senador advertía que el hombre puede perderse lo mismo por necesidad que por saturación. Lo que no imaginaba Senador es que nuestros reiterados errores pudieran llevarle a perderse por ambas cosas a la vez, al hacer tan invivible la aldea como la megápolis. Los hombres de la segunda era industrial no

hemos acertado a establecer la relación Técnica-Naturaleza en términos de concordia y a la atracción inicial de
aquella concentrada en las grandes urbes, sucederá un
movimiento de repliegue en el que el hombre buscará de
nuevo su propia personalidad, cuando ya tal vez sea tarde
porque la Naturaleza como tal habrá dejado de existir.

En esta tesitura, mis personajes se resisten, rechazan la
masificación. Al presentárseles la dualidad Técnica-Naturaleza como dilema, optan resueltamente por esta que es,
quizá, la última oportunidad de optar por el humanismo.
Se trata de seres primarios, elementales, pero que no
abdican de su humanidad; se niegan a cortar las raíces. A
la sociedad gregaria que les incita, ellos oponen un terco
individualismo. En eso, tal vez, resida la última diferencia
entre mi novela y la novela objetiva o behaviorista. Ramón
Buckley ha interpretado bien mi obstinada oposición al
gregarismo cuando afirma que en mis novelas yo me ocu-
po «del hombre como individuo y busco aquellos rasgos
que hacen de cada persona un ser único, irrepetible». Es
esta, quizá, la última razón que me ha empujado a los
medios rurales para escoger los protagonistas de mis libros. La ciudad uniforma cuanto toca; el hombre enajena
en ella sus perfiles característicos. La gran ciudad es la
excrecencia y, a la vez, el símbolo del actual progreso. De
aquí que el Isidoro, protagonista de mi libro *Viejas historias de Castilla la Vieja,* la rechace y exalte la aldea como
último reducto del individualismo.

Esto ya expresa en mis personajes una actitud ante la
vida y un desdén explícito por un desarrollo desintegrador
y deshumanizador, el mismo que induce a Nini, el niño
sabio de *Las Ratas,* a decir a Rosalino, el Encargado, que
le presenta el carburador de un tractor averiado, «de eso
no sé, señor Rosalino, eso es inventado». Esta respuesta
displicente no envuelve un rechazo de la máquina, sino un
rechazo de la máquina en cuanto obstáculo que se inter-
pone entre los corazones de los hombres y entre el hombre
y la Naturaleza. Mis personajes son conscientes, como lo
soy yo, su creador, de que la máquina, por un error de

medida, ha venido a calentar el estómago del hombre, pero ha enfriado su corazón.

Mis personajes, por otro lado, hablan poco, es cierto, son más contemplativos que locuaces, pero antes que como recurso para conservar su individualismo, como dice Buckley, es por escepticismo, porque han comprendido que a fuerza de degradar el lenguaje lo hemos inutilizado para entendernos. De ahí que el Ratero se exprese por monosílabos; Menchu en su monólogo interminable, absolutamente vacío; y Jacinto San José trate de inventar un idioma que lo eleve sobre la mediocridad circundante y evite su aislamiento. Mis personajes no son, pues, asociales, insociables ni insolidarios, sino solitarios a su pesar. Ellos declinan un progreso mecanizado y frío, es cierto, pero, simultáneamente, este progreso los rechaza a ellos, porque un progreso competitivo, donde impera la ley del más fuerte, dejará ineluctablemente en la cuneta a los viejos, los analfabetos, los tarados y los débiles. Y aunque un día llegue a ofrecerles un poco de piedad organizada, una ayuda —no ya en cuanto semejantes sino en cuanto perturbadores de su plácida digestión— siempre estará ausente de ella el calor. «El hombre es un ser vivo en equilibrio con los demás seres vivos», ha dicho Faustino Cordón. Y así debiera ser, pero nosotros, nuestro progreso despiadado, ha roto este equilibrio con otros seres y de unos hombres con otros hombres. De esta manera son muchas las criaturas y pueblos que, por expresa renuncia o porque no pudieron, han dejado pasar el tren de la abundancia y han quedado marginados. Son seres humillados y ofendidos —la Desi, el viejo Eloy, el Tío Ratero, el Barbas, Pacífico, Sebastián...— que inútilmente esperan, aquí en la Tierra, algo de un Dios eternamente mudo y de un prójimo cada día más remoto. Estas víctimas de un desarrollo tecnológico implacable, buscan en vano un hombro donde apoyarse, un corazón amigo, un calor, para constatar, a la postre, como el viejo Eloy de *La Hoja Roja,* que «el hombre al meter el calor en un tubo creyó haber resuelto el problema pero, en realidad, no hizo sino crearlo porque era inconcebible un fuego sin humo y de esta manera la comunidad se había roto».

Seguramente esta estimación de la sociedad en que vivimos es lo que ha movido a Francisco Umbral y Eugenio de Nora a atribuir a mis escritos un sentido moral. Y, en verdad, es este sentido moral lo único que se me ocurre oponer, como medida de urgencia, a un progreso cifrado en el constante aumento del nivel de vida. A mi juicio, el primer paso para cambiar la actual tendencia del desarrollo, y, en consecuencia, de preservar la integridad del Hombre y de la Naturaleza, radica en ensanchar la conciencia moral universal. Esta conciencia moral universal, fue, por encima del dinero y de los intereses políticos, la que detuvo la intervención americana en el Vietnam y la que viene exigiendo juego limpio en no pocos lugares de la Tierra. Esta conciencia, que encarno preferentemente en un amplio sector de la juventud, que ha heredado un mundo sucio en no pocos aspectos, justifica mi esperanza. Muchos jóvenes del este y del oeste reclaman hoy un mundo más puro, seguramente, como dice Burnet, por ser ellos la primera generación con DDT en la sangre y estroncio 90 en sus huesos.

Porque si la aventura del progreso, tal como hasta el día la hemos entendido, ha de traducirse inexorablemente en un aumento de la violencia y la incomunicación; de la autocracia y la desconfianza; de la injusticia y la prostitución de la Naturaleza; del sentimiento competitivo y del refinamiento de la tortura; de la explotación del hombre por el hombre y la exaltación del dinero, en ese caso, yo, gritaría ahora mismo, con el protagonista de una conocida canción americana: «¡Que paren la Tierra, quiero apearme!»

ÚLTIMOS TÍTULOS PUBLICADOS
EN COLECCIÓN AUSTRAL